KATZEN

Die Überlebenskünstler

Oben: *In den Dörfern der Pyrenäen erwartet man von den Katzen, daß sie sich ihren Lebensunterhalt verdienen, indem sie die Nagerpopulation kurz halten. Häufig findet man in den Türen der menschlichen Wohnungen einen eigenen Katzeneinschlupf.*

Nächste Seite: *Die Verbreitung der Katze wurde häufig vom Menschen gefördert. Die Ginger Katze kam wahrscheinlich mit den Schiffen der Wikinger nach Europa.*

K A T Z E N

Der Siegeszug der Katze

Roger Tabor

KYNOS VERLAG

Roger Tabor ist ein führender Naturwissenschaftler, Biologe und Fernsehmoderator Englands. Seine Schriften und Forschungen machen ihn zum weltweit anerkannten Fachmann über die Hauskatze. Sein preisgekröntes Buch *The Wild Life of the Domestic Cat* gilt als internationales Standardwerk. Bei BBC präsentierte er die Serie *CATS*, ist Autor des Buches zur Fernsehserie.

Danksagung

Es ist unmöglich, alle die Menschen und Organisationen aufzuzählen, die über einen Zeitraum von acht Jahren an diesem Buchprojekt beteiligt waren. Für den Aufbau der Fernsehserie bedanke ich mich bei Dick Meadows, Sally Wilson, Alan Neale, Paul Fitzgerald. Linda Hutchings, Stephanie Crowther, Fred Sturman, John Marshall-Potter, Romany Helmy, Wiyada Tasakorn und Naeko Funakoshi. Für harte Arbeit hinter dem Buch gilt mein Dank Liz Artindale, Pat Simonet, Sheila Ableman, Martha Caute, Jennifer Fry, Esther Jagger und Tim Higgins.

Besonderer Dank dem British Museum (Natural History); the British Museum Egyptology Dept; Cairo Museum, Dept. of Antiquities, Egypt; National Museum of Thailand; Chelmsford Museum, Colchester Museum, Office National de la Chasse; Cat Survival Trust; the organisers of the National Cat Show; Essex Cat Show; TICA (New York and Los Angeles); Venice DINGO; the Pet Food Manufacturers' Association; Zagazig University; Boca Raton Humane Society; Wat Phailom, Dawn and Gotoku-ji Temples; Alain Zivie; Juliet Clutton-Brock; Roy Robinson; Jerry Heath; Bilâl Gündüz; Masako Takeuchi; Keith Hopkin; Bernice Mead; Ros Elliott; Wendy Thornton; Barbara Castle; Jean Murchison; Viki Markstein; Ed and Malee Rose; Kutbettin Bahadir; Nick Wickenden; Peter Minter; Peter Churcher; Peter Borchelt; Paul Casey; Carol Pedley; Ann Baker, Gay Frank; Hank and D. D. Tyler; Brian Fitzgerald; Prof. M. Bakr; Anusorn Sapmanu; Bess Higuchi and Ikram Kali.
Die Übersetzung der *Messe ocus Pangur Ban* aus dem Codex Sancti Pauli stammt von Robin Flower.

Bildhinweise

Nigel Adams 87, Aga-Rayburn 187, Animal Photography 109 (Sally Anne Thompson); Ardea 78 (John Daniels), 81, 94-5 (J.-P. Ferrero), 170 (J.M. Labat); Liz Artindale/Tabor Picture Liberary 102, 139, 154, 158, 162; Barnaby's Picture Library 70-1 (Tony Boxall), 74 (Elizabeth Goodwin), 79 (Mustograph), 123 (W. Lüthy), 178-9 (M. Campbell-Cole); Belgian Tourist Office 42; Bridgeman Art Library 114; British Library 31 (MS Harl. 6563, f.40); British Museum 21, 33, 104, 146; Jean-Loup Charmet 44-5 unten; Bruce Coleman 2-3 (Jane Burton), 45 oben (Kim Taylor), 46 (Kim Taylor), 48 (Kim Taylor), 54 Jane Burton), 84 Jane Burton), 47, 75 oben, 103, 128 (Hans Reinhard), 150 (Fritz Prenzel), 155 (Jane Burton), 156 (Jane Burton); Dean and Chapter of Winchester 50 (Warburg Institute); ET Archive 175; Mary Evans Picture Library 41, 124; Fotomas 59; Sally and Richard Greenhill 182; Robert Harding Picture Library 157, 166; Hulton-Deutsch Collection 56; Images Colour Library 44 oben; Metropolitan Museum of Art, NY 8-9, 18-19 (both Egyptian Expedition, Rogers Fund, 1930), 142-3 (Fletcher Fund, 1947); Musée d'Aquitaine, Bordeaux 30 (J.M. Arnaud); National Gallery, London 115; Alan Neale 1; NHPA 91 (G.B. Baket/ANT); Prince Sadruddin Aga Khan Collection 117; Scala 6-7, 35, 101; Scott Polar Research Institute 86; Frank Spooner/Gamma 158-9; Roger Tabor 13, 14, 15, 22, 23, 24, 27, 28, 37, 38, 53, 62-3, 64, 66-7, 69, 73, 75 unten, 83, 92, 98, 112-13, 118-19, 120-1, 126, 127, 130, 134, 135, 138, 144, 147, 160, 164, 167, 168, 171, 173, 177, 183, 186, 188, 189; University College, London (Petrie Museum, Dept. of Egyptology) 11.
Titelfoto und Rücktitel: Bruce Coleman (Kim Taylor)

Englischer Originaltitel des Werkes: *Roger Tabor: Cats - The Rise of the Cat*
Das Buch begleitet die BBC/PRO 7 Fernsehserie *Cats*

By arrangement with BBC Books, a division of BBC Worldwide Limited
Original English Language Version

Übersetzung: Helga und Dr. Dieter Fleig

Telefon: 06594/653, Telefax: 06594/452
1. Auflage 1996

ISBN-Nr: 3-929545-32-2

Herstellung: Dr. Cantz'sche Druckerei, D-73760 Ostfildern-Ruit

Inhaltsverzeichnis

Über die Katzen schrieb Plinius (23-79 n. Chr.): »Mit welch stiller Heimlichkeit, welch leichten Schritten schleichen sie einen Vogel an!« Im von Rom beherrschten England lebten die Katzen in den Villen als Haustiere der Aristokratie, wie dieses Mosaik einer gestreiften Tabby Katze zeigt.

Der Kult der Katze

Die alten Ägypter glaubten, daß die Sonnenstrahlen im Auge der Katze in der Nacht gespeichert seien, das war für sie die Erklärung der Reflektion. Hier hebt der Sonnengott Ra in Gestalt einer Katze das Messer, um den Kopf der Schlange Apop, der Göttin der Dunkelheit und des Chaos, abzuschlagen. Wandgemälde etwa 1300 v. Ch. aus einem Grab in Deir el Medina.

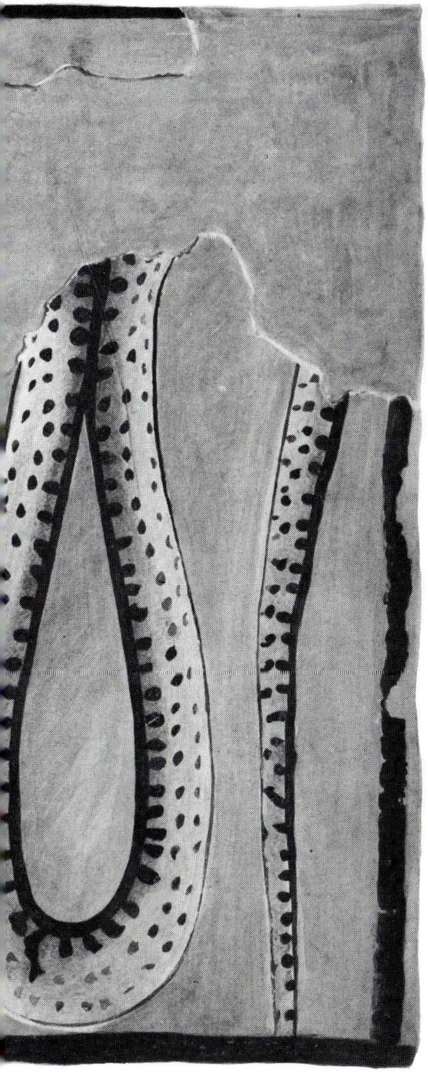

1 Alte Gottheiten

Die Katze ist anders als alle anderen Tiere! Katzen gegenüber sind Menschen nur selten neutral, glücklicherweise lieben heute mehr Menschen die Katze als daß sie sie hassen. Über die Zeiten hinweg wurde die Katze als Dämon wie als Gottheit angesehen, heute sind die meisten einfach Haus- und Familientiere. Einer der neuesten Stars auf der Katzenbühne ist die Ägyptische Mau-Katze, die ich mir in all dem Tohuwabohu einer Katzenausstellung im Madison Square Garden in New York angesehen habe. Die USA war das erste Land, das diese Rasse offiziell anerkannte und zwar erst im Jahre 1968. Dies ist sicherlich eine bittere Farce, denn die Mau-Katze wurde auf den Straßen Ägyptens aufgelesen, ist ein direkter Nachkomme der ersten vor vielen tausend Jahren domestizierten Hauskatzen.

Zu allererst wurde die Katze als Gottheit verehrt. Der Löwe und die Katze gehörten zu den Geschöpfen, die für die alten Ägypter heilig waren. Über mehr als 1300 Jahre wurden Katzen als nationale ägyptische Gottheit verehrt. Als dieser Kult auf seinem Höhepunkt stand - etwa im fünften Jahrhundert v. Chr. - griff die persische Armee unter König Kambyses Ägypten an. Schnell erkannten die Eindringlinge die Schwächen ihrer Feinde. Sie banden Katzen auf ihre Schilde, in dem festen Wissen, daß die Ägypter unfähig waren, eine Katze zu verletzen. Diese Strategie bewährte sich spektakulär, denn Kambyses eroberte Ägypten und schuf eine neue Dynastie von Pharaonen.

Katzen wurden so verehrt, daß im ersten Jahrhundert v. Chr. der Sizilianer Diodorus von seinem Aufenthalt in Ägypten während der römischen Besatzung berichtete, daß mit allen Menschen, die Katzen mißhandelten, kurzer Prozeß gemacht werde. So steinigte beispielsweise in Alexandria eine empörte Menschenmenge einen Soldaten, der seinen Streitwagen über eine Katze lenkte. Andere ausländische Zeugen berichteten ausführlich über die Rituale, die beim Tod einer Hauskatze veranstaltet wurden. In tiefer Trauer rasierten sich ihre Besitzer selbst die Augenbrauen ab.

Die Katzengöttin

Die Katzengöttin, die eine solche Verehrung auslöste, war Bastet, die Göttin der Fruchtbarkeit. Ursprünglich wurde sie in der Gestalt einer Löwin verehrt. Von den frühesten Zeiten an sahen die Ägypter eine Verbindung zwischen der glühenden Hitze der Wüste und der wilden Kraft des Löwen. Die löwenförmige Sphinx war ein Symbol der Sonnengötter Ra und Horus, immer wurde sie nach Osten ausgerichtet, so daß sie bei Tagesanbruch den ersten Sonnenstrahlen über dem Nil entgegensah. Ra's kampflüsternes Auge empfing seine feurige Hitze von der löwenköpfigen Sakhmet, während die freundliche Wärme in Ra's liebevollem Auge von Bastet stammte.

Über die gesamten Perioden der Verehrung von Bastet begegnet man ihr mit Löwenkopf, aber ab dem Aufkommen der Hauskatze wurde sie in Bronzen oder Schnitzereien entweder als Katze oder als katzenköpfige Frau portraitiert. Bastet war eine Göttin mit besonderen Beziehungen zum Mond wie zur Sonne. Für die Ägypter symbolisierte die Augenreflektion der Katze bei Nacht Sonnenstrahlen, die nach Sonnenuntergang im Katzenauge zurückblieben. Und in jeder Nacht kämpfte die Katze als Bundesgenosse des Gottes Ra gegen die schreckliche Schlange der Dunkelheit - gegen Apop.

Die Katze und der Skarabäus

Der Skarabäus oder Mistkäfer galt im alten Ägypten gleichfalls als heilig. In der immerwährenden Aufgabe des Käfers, große

Ballen lebensspendenden Dungs fortzubewegen, wodurch die Saaten wachsen konnten, sah man ein Ebenbild des Gottes Ra, der tagtäglich den Sonnenball durch die Wolken schob. Aus diesem Grunde tragen die Bronzen von Bastet häufig den Skarabäus auf ihrer Stirn, wodurch ihre enge Verbindung zu Ra unterstrichen wird. Ich glaube, die Ägypter sahen in den Tabby-Markierungen am Vorderkopf der Katze den Abdruck eines Skarabäus.

Eine Pyramide für Katzen

Die berühmten Pyramiden in Giseh waren die Sonnensymbolgräber der Pharaonen; sie sollten Ra bei Sonnenaufgang wie Sonnenuntergang entgegensehen. Abydos ist eines der ältesten Grabmäler Ägyptens. Als es 1921/22 durch den berühmten

In Abydos wurde in den 1920er Jahren eine Pyramide für Katzen entdeckt. Hier waren die Katzen mit Geschenken für ein Leben nach dem Tode begraben, was die Schlußfolgerung erlaubt, daß es sich hierbei um Tempelkatzen handelte, die als Inkarnation von Bastet angesehen wurden.

Archäologen Sir Flinders Petrie ausgegraben wurde, fand man eine kleine Pyramide zu Ehren des Sonnensymbols, der Katze. Eine zentrale Grabkammer enthielt siebzehn Katzenskelette. Vor diesen standen eine Reihe von Opferschalen, von denen man annimmt, daß sie Milch für ein Leben nach dem Tode dieser Tiere enthielten - eine Parallele zu den Grabbeigaben der Pharaonen zugunsten ihres Weiterlebens als Götter. Eine solche außergewöhnliche Grabstätte legt die Vermutung nahe, daß diese Katzen wahrscheinlich in einem Tempel gehalten wurden - als Inkarnation der Göttin Bastet.

Bubastis

Das Zentrum der Katzenverehrung bildete der Tempel von Bastet in der alten Stadt Bubastis im Nildelta. Der Tempel lag auf einer Insel, entstanden durch zwei künstliche Kanäle, die mit dem Nil verbunden waren. In ihm lebten jene besonderen Katzen, für deren Wohlergehen junge Frauen im Tempel sorgten. Der früheste Teil des Gebäudes wurde in der vierten Dynastie der Pharaonen Cheops und Chephren errichtet (2550 - 2490 v. Ch.). Sie hatten auch die Sphinx vor ihren Pyramiden aufgestellt. Der Tempel war Bastet als der Löwin der Sonne gewidmet. Die später entstandenen Teile wurden zu Ehren der kleinen Katze errichtet. In anderen Teilen Ägyptens finden wir als örtliche Götter andere löwenköpfige Gottheiten, beispielsweise Pakhet in Beni Hassan und Sakhmet in Memphis. Aber erst in Bubastis wandelte sich die Katze vom lokalen Gott zur nationalen Gottheit.

Libysche Herrscher hatten das Delta besiedelt, einer von ihnen namens Seshonq errang den ägyptischen Thron und begründete die zweiundzwanzigste Dynastie (945 - 712 v. Ch.). Seshonq machte Bubastis zur neuen Hauptstadt, ab jetzt erhielt Bastet gegenüber allen anderen Gottheiten den Vorzug. Heute ist ihr aus Granit errichteter Tempel eine Ruine. Über die Zeit seiner höchsten Blüte wird von dem Geschichtsschreiber Herodot im fünften Jahrhundert v. Ch. berichtet. Er erzählt, daß es nichts schöneres für das Auge gäbe als diesen Tempel von Bubastis. Das jährliche Fest zu Ehren von Bastet war das

Eine antike ägyptische Bronze der katzenköpfigen Göttin Bastet, die das traditionelle Sistrum trägt. Zu ihren Füßen die vertrauten vier Kätzchen.

größte in ganz Ägypten. Mehr als 700.000 Gläubige strömten über April und Mai hier zusammen. Die Menschenmengen kamen mit Booten zum Fest. Die Frauen schüttelten Rasselinstrumente - Sistra genannt - Flöten wurden gespielt, begleitet von Liedern und Händeklatschen. Wenn die Boote den Dörfern und Städten entlang segelten, forderten die Frauen die Bewohner am Ufer provokativ heraus, hoben dabei häufig ihre Kleider bis über ihre Köpfe. Herodot schrieb, daß während dieser zweifellos wilden Lustbarkeiten mehr Wein getrunken wurde als über den ganzen Rest des Jahres.

Die Bronzen von Bastet mit Katzenkopf tragen ein Sistrum (altägyptisches Rasselinstrument), einen Ägäis-Schild und ein Körbchen, eine seltsame Sammlung von Gegenständen, die wahrscheinlich die Hoffnungen ihrer Anhänger spiegeln. Das Sistrum mit dem Portrait der Fruchtbarkeitsgöttinnen Bastet und Hathor war ursprünglich ein Schlaginstrument, das im Rhythmus des Liebesaktes erklang. Der griechische Autor Plutarch, der im ersten Jahrhundert nach Christus diese Rituale beobachtete, schrieb, die Rundung des Sistrums symbolisiere die Mondsphäre, deren Repräsentant die Katze ist. Die seitlichen Arme des Sistrums symbolisierten die Hörner von Hathor, deren Emblem die Kuh war.

Auch Plutarch berichtet von einer körperlichen Verbindung zwischen Katze und Mond - je nach Anwachsen und Schwinden des Mondes werde auch die Pupille der Katze größer oder kleiner. Auch bei Frauen gibt es über den Monatszyklus eine Verbindung zum Mond. So sah man Mond, Frauen und Katzen eng miteinander verbunden. Eine Katze wirft in der Regel vier kleine Kätzchen. Diese Tatsache kannten bereits die alten Ägypter, denn den katzenköpfigen Bronzen von Bastet saßen in der Regel vier kleine Kätzchen zu Füßen. Und in dem Sistrum bewegten sich vier metallene kleine Stangen.

Heilige Katzen

Obgleich es eigene Tempelkatzen gab, dehnte sich der Katzenkult auch auf die Hauskatze aus. So berichtet Herodot: »Nach ihrem Tod werden Katzen in die Stadt Bubastis gebracht, dort einbalsamiert und dann in den heiligen Ruhestätten begraben.« Unter all dem Trubel und Durcheinander großer Feste verkaufte man eigens bandagierte Mumien von im Tempel aufgezogenen Katzen an die Gläubigen. Dies muß ein außerordentlich lukrativer Handel gewesen sein, denn zuweilen wurden auch unechte Mumien untergeschoben.

Die Zoologin Juliet Clutton-Brock stellte 1981 beim Röntgen von Mumien fest, daß einer Reihe von Katzen das Genick gebrochen war, was sie als die Todesursache ansieht. Auf den ersten Blick scheint dies zur Verehrung der Katze im alten Ägypten in krassem Widerspruch zu stehen. Aber die meisten Religionen kennen auch Elemente ritualer Opfer an die Gottheit. In dem Katzentempel oder *Bubastion* in Saqqara fand man viele Mumien junger Kätzchen; es hat den Anschein, daß gläubige Frauen diese Kätzchen in Körbchen zum Schrein brachten, die in ihrer Form dem Körbchen von Bastet ähnelten. Festzuhalten bleibt, daß viele der mumifizierten Katzen ein normales Alter erreicht haben.

Wurden Katzen aber nur mumifiziert? Edouard Naville, der

Die wahrscheinlichen Vorfahren der Hauskatze sind: Felis lybica, *die Afrikanische Wildkatze* (links), *mit ihren gefleckten und gestromten Unterarten, und* Felis chaus, *die Dschungel- oder Marschen-Katze* (visavis).

Archäologe, der im neunzehnten Jahrhundert Bubastis ausgrub, glaubte, daß mehr Katzen ritual eingeäschert als mumifiziert wurden. Sowohl im Bubastion von Saqqara als auch im Katzentempel von Pakhet in Benin Hassan gibt es Hinweise, daß Feuer recht ausgiebig gebraucht wurde. Wenn in der Vergangenheit Katzen allgemein eingeäschert wurden, erscheint die Anzahl der präparierten noch viel unglaublicher, denn Katzenmumien wurden in ungeheurer Zahl aufgefunden.

Wann fand nun wirklich die erste echte Beziehung zwischen Mensch und Katze statt? Wann kam es zur Domestikation?

Von der Wildkatze zur Hauskatze

Über Jahrhunderte lag der genaue Ursprung der Hauskatze in den Mysterien der Vergangenheit verborgen. Die möglichen Vorfahren umfassen fünfundzwanzig Arten echter kleiner Wildkatzen, wie man sie rund um die Welt antrifft. Viele paaren sich untereinander, hieraus entstehen Mischlinge (Hybri-

den). Dementsprechend wird von einer ganzen Reihe von Wildkatzen angenommen, sie gehörten zu den Vorfahren unserer heutigen Hauskatze. Hierzu zählen die Goldene Katze, die Leoparden Katze, die Pallas Katze. In allererster Linie geht man aber von der Afrikanischen Wildkatze aus (*Felis lybica*), einer Südform der mitteleuropäischen Wildkatze (*Felis silvestris*), wie man sie in England und ganz Europa antrifft. Die alten Ägypter aber haben sowohl die Dschungel- oder Marschenkatze (*Felis chaus*) als auch die Afrikanische Wildkatze mumifiziert, der Einfluß gerade aber der *Felis chaus* wurde bisher weitgehend ignoriert.

Während die Europäisch/Afrikanischen Wildkatzen auf ihrem Fell Stromung und Fleckung zeigen, ähnelt die Dschungelkatze mehr der Abyssinierkatze, hat keine Körperzeichnung. Bei allen handelt es sich um echte Wildkatzen. Paart man die Europäische oder die Afrikanische Wildkatze mit der Hauskatze, überträgt sich deren Wildheit in aller Regel auf die Nachkommen, alle sind kleine, energiegeladene Feuerbälle. Bei Paarungen zwischen Dschungelkatze und Hauskatze sind die Nachkommen dagegen menschenfreundlicher. Dieses Merkmal der Dschungelkatze könnte zu Beginn für die Domestikation der Afrikanischen Wildkatze außerordentlich nützlich gewesen sein.

Obgleich es auch in anderen Ländern einige Katzenfunde gibt, treffen wir außerhalb von Ägypten keine überzeugenden Nachweise an, die auf die Domestikation Rückschlüsse erlauben.

Grabmalereien

Ägyptische Grabmalereien bieten die besten Hinweise zur Frage, wann die Katze domestiziert wurde. Zwei Typen werden dargestellt: Katzen in den Marschen auf der Jagd nach Vögeln, Katzen in offensichtlich häuslicher Umgebung, unter dem Sessel ihrer Herrin sitzend.

Zu den frühesten gehören die Grabmalereien von Khnumhotep in Beni Hassan, sie stammen aus etwa 2000 v. Chr. Hierbei handelt es sich um eine echte Wildkatze, um ein vorzüglich akkurates Gemälde der Marschenkatze. Das Grab liegt nahe dem Pakhet Katzentempel, der später von Königin Hatshepsut in seine heutige Form umgestaltet wurde. Wahrscheinlich ist deshalb des Malers Vertrautsein mit diesem herrlichen Tier auf Wildkatzen zurückzuführen, die im Tempel gehalten wurden. Eine zweite Gruppe von Jagdszenen in den Marschen enthält das berühmte Gemälde von Nebamun aus der achtzehnten Dynastie über die Jagd in den Marschen, das nachstehend noch näher beschrieben wird. Die Zeiten, in denen diese Szenen gemalt wurden, überlappen sich auffällig mit dem Auftreten erster Bilder von Katzen, die unter den Sesseln ihrer Herrinnen sitzen. Die Jagd- und Hausszenen der Periode - etwa zwischen 1475 und 1364 v. Chr. - trifft man vorwiegend in den Gräbern des Valley of the Nobles (Tal der Edlen) in Theben an, sie zeigen Katzen mit eindeutiger Tabby-Fellzeichnung.

Zu den Gräbern dieser Adligen gehört das des Hafenmeisters May. Hier zeigt eines der Gemälde eindeutig eine Katze, die angeleint ist, möglicherweise der früheste Nachweis klarer Domestikation. Im Grab des Priesters Nakht frißt die Katze einen Fisch. Während der Regentschaft von Amenhotep III (1402 - 1364 v. Chr.) war die Katze schon fester Bestandteil des hofischen Lebens, denn hier wird eine Katze gezeigt, die unter dem Sitz der Ehefrau des Chefdieners des Pharaos mit einem Vogel spielt. Und auf dem Rücken des Sessels der Tochter des Pharaos wurde eine Katze unter einem Thron portraitiert, auf dem Königin Tiyi sitzt. Man hätte der Katze keine größere Anerkennung angedeihen lassen können!

Ein Jahrhundert später finden wir die Einwohner von Deir el Medina - der Stadt der Arbeiter - in einer Art Künstlerkolonie - wo die Familien der Männer wohnten, die in den Gräbern der Könige und Königinnen arbeiteten. Sie malten auch Katzenbilder in ihren eigenen Gräbern, beispielsweise in dem eines Mannes namens Ipy. Dabei sitzt eine Katze nicht nur unter dem Sessel von Ipy's Frau, außerdem spielt auch ein junges Kätzchen auf Ipy's Sessel mit seinem Ärmel.

Worauf alle diese Grabmalereien schließen lassen - die Domestikation der Katze erfolgte etwa zu Anfang der achtzehnten Dynastie - also etwa 1500 v. Chr. Sie liegt damit jetzt etwa dreieinhalbtausend Jahre zurück.

Auf diesem Wandgemälde - etwa 1275 v. Chr. - aus einem Grab in Deir el Medina - sehen wir Ipy und seine Frau, denen ihre Kinder Geschenke überreichen. Dabei spielt ein kleines Kätzchen mit dem Ärmel von Ipy, während eine ausgewachsene Katze unter dem Stuhl seiner Frau sitzt. In der alten ägyptischen Kunst bedeutet eine unter dem Sessel einer Frau sitzende Katze ein Symbol der Fruchtbarkeit.

Neue Interpretationen der Grabmalereien

Erstaunlicherweise finden wir kaum kritische Kommentare der Betrachter, etwa zu einer Jagdszene, auf der eine zahme Katze Enten fängt. Aber zu einer Jagdszene, wie sie in dem Gemälde von Nebamun dargestellt wird, kann man sicher sagen, daß keine Katze auch nach der Zähmung je aus eigenem Antrieb einen Vogel apportiert. Hätte man zum Vogelfang aber Wildkatzen angeleint, würden sie sicherlich gegen Haken und Leine ankämpfen, ließe man sie eine Leine hinter sich her ziehen, würde das Geräusch die Wildenten verscheuchen. Im übrigen haben die Ägypter auf ihren Bildern immer alle Einzelheiten mit äußerster Genauigkeit wiedergegeben. Mit Sicherheit hätten sie Halsbänder und Leinen dargestellt, wenn die Tiere sie getragen hätten. Was ist hier tatsächlich geschehen?

Diese Gemälde wurden immer als Bilder aus dem Leben betrachtet, weil sie so besonders naturalistisch wirken. Aber ich glaube - diese Auffassung ist falsch. Es gibt eine viel plausiblere Erklärung - wir sollten diese Szenen - einschließlich der Rolle der Katzen - als Allegorien sehen. Die Jagdgesellschaft von Nebamun ist keine Gruppe von Jägern, sondern seine formal aufgestellte Familie. Ein Bild des Wohlbefindens, wie auch der begleitende Text besagt: »Vergnügen haben, schöne Sachen betrachten, Vögel dank der Hilfe von Sekhet (der Göttin der Marschen) einfangen«. Der Beutefang der Katze erscheint spektakulär, auch der des Menschen. Denn völlig mühelos zieht er mit einer einzigen Hand drei langhälsige Vögel aus der Marsch. Dies ist kaum Wirklichkeit - mehr ein Spiegel übermäßigen Lebensglücks.

Die alten ägyptischen Vorstellungen von Geburt und Wiedergeburt nach dem Tode machten Sexualität für sie besonders wichtig. Die Ägyptologen John Baines und Jaromir Malek haben dieses Gemälde als ein Symbol verschleierter Erotik bezeichnet. Es bestätige »die Wiedergeburt durch eigene Potenz im nächsten Leben« und »befähige die Verstorbenen, ein angenehmes Leben zu führen«. Für eine Jagdexpedition schien sicherlich die Ehefrau von Nebamun in ihrem üppigen Gewand recht unzweckmäßig gekleidet. Aber es symbolisiert ein erotisches Signal, wie in der Geschichte über das neue Königreich

Ein Wandgemälde aus einer Grabkammer von Theben - Nebamun auf der Vogeljagd in den Marschen, begleitet von seiner »apportierenden Katze«. Keine Katze könnte auf solche Art tatsächlich eingesetzt werden. Daher ist es viel verständlicher, dieses Gemälde als eine Allegorie von Fruchtbarkeit und üppiger Fülle anzusehen.

(1567 - 1085 v. Chr.) über die Verführung geschrieben steht: »Komm mit mir, laß uns eine Stunde beisammen liegen. Lege Deine Haartracht an!« Das Sistrum in ihren Händen gestaltet das Gemälde ausgewogen, symbolisiert die Göttinnen des Sex. In einer derart mit Sexualität befrachteten Szene erscheint das unglaubliche Verhalten einer Katze - allegorisch gesehen -

gerade angemessen. Zwischen all den anderen Sexualsymbolen wirkt die Darstellung einer Katze außerordentlich sinnvoll, denn Bastet war die Göttin der Fruchtbarkeit und Sinnenfreude.

Auch auf den Gemälden über das häusliche Leben tritt die Katze allegorisch auf. Unter dem Sessel der Frau sitzende Katzen unterstreichen in Verbindung mit Bastet deren Fruchtbarkeit. Wenn man diese Bilder allegorisch betrachtet, verschwindet die Vorstellung, diese Jagdszene zeige ein Zwischenstadium der Domestikation - so wenig einleuchtend dies auch zunächst klingen mag.

Katzensärge

Hinweise, daß die domestizierte Katze quer durch alle Gesellschaftsschichten als Haustier anerkannt wurde, vermitteln uns einige der ägyptischen Katzensärge. Aus der Regierungszeit von Akhenaten, dem Ehegemahl der wunderschönen Nefertiti, finden wir auf einem Kalkstein-Sarkophag eine königliche Katze, portraitiert in dem Leben nach dem Tod vor einem Opfertisch, als sei sie ein Mensch edler Herkunft. Die einbalsamierte Katzenmumie befand sich einmal innerhalb dieses Sarkophags in einem hölzernen Mumienschrein. Der begleitende Text nennt sie eine »Lady Cat«, sie gehörte Prinz Tutmosis, dem Bruder des Pharaos. Solche eigenen Särge gab es nicht nur im Königshaus, dies bestätigt ein kleiner Tonsarg aus der Arbeiterstadt Deir el Medina, in dem noch immer die Überreste einer jungen Katze liegen.

Wie erfolgte die Domestikation?

Die domestizierte Hauskatze ist insofern einzigartig als sie parallel zur Entstehung der Städte zu einer eigenen Gattung wurde. Hunde und Rinder hatten mit den Menschen viel früher Verbindung - bereits in den Zeiträumen, da sich Jagd und seßhaftes Bauerntum entwickelten. War deshalb der Aufbau von Städten ursächlich für das Entstehen der Hauskatzen oder verlaufen diese Entwicklungen nur zufällig parallel?

Visavis: *Ein königliches Begräbnis! Hier sehen wir den Kalkstein-Sarkophag einer Katze, die einmal Prinz Tutmosis gehörte. Die Katze sitzt vor einem Gabentisch, wurde portraitiert, als sei sie ein vornehmes menschliches Wesen.*
Unten: *Kunstvolle Leinenbandagen waren eigens für ganz besondere Katzen oder Tiere von edlen Besitzern reserviert.*

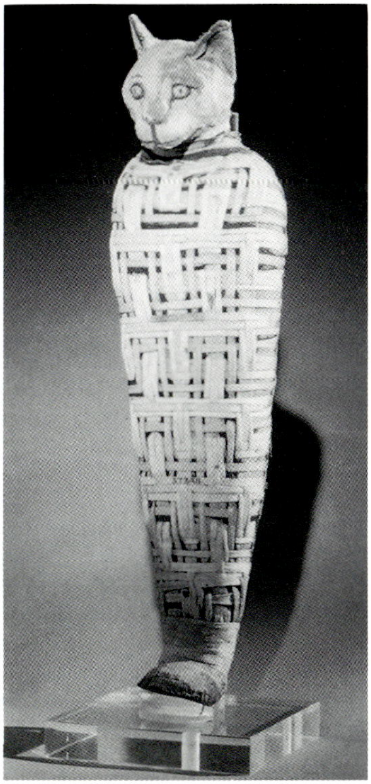

Schon lange Zeit wurden in den Tempeln heilige Katzen gehalten und, den Pharaonen gleich, nach dem Tod einbalsamiert. Könnte deshalb das Zusammenhalten verschiedener Arten von Wildkatzen in den Tempeln zur Domestikation geführt haben? Die entscheidende Frage lautet: »Ist die Hauskatze in der Stadt oder im Tempel entstanden?«

Die Stadt-Theorie

Aus den Ruinen von Deir el Medina kann man ableiten, wie die Einwohner in der Stadt lebten. Diese Gemeinde von Handwerkern hinterließ eine vorzügliche Dokumentation ihrer Lebensumstände, durch die wir wissen, daß Katzen darin ihren eigenen Anteil hatten. Die Stadt bestand aus etwa 120 Häusern mit einer schmalen Hauptstraße, einigen von ihr abgehenden kleinen Seitenstraßen, ähnlich wie der alte Basar im heutigen Kairo.

Die einzelnen Häuser hatten Hinterhöfe mit kleinen Küchen. Afrikanische Wildkatzen, die sich langsam an den Menschen gewöhnt hatten, jagten durch die Stadt, lauerten auf leichte Beute, besonders auf Nagetiere und Vögel, die sich den menschlichen Siedlungen zugesellten. Die selbstsichersten dieser Katzen lebten vom Fressen der Essensreste in den Höfen und kleinen Straßen. Über einige Zeit hatte sich sicherlich eine beträchtliche Katzenpopulation aufgebaut, die sich weiter fortpflanzte. So wurde die Stadt zu einer engen Insel, begünstigte einen hohen Katzenbestand. Dementsprechend gab es in diesem kleinen Bereich in jeder Generation immer viel mehr Nachzuchten als über tausende Quadratmeilen in der Wüste über viele Generationen entstanden. Die Städte übten einen eigenen Selektionsdruck aus, veränderten das Tier nach und nach, was durch die immer größere Katzenpopulation noch beschleunigt wurde.

Im heutigen Kairo, rund um die Mittelmeer-Städte und auf den Inseln findet man überall verwilderte Katzen, die von Abfällen leben. So könnte möglicherweise eine neue Katzenspezies entstanden sein - die Hauskatze. Katzen sitzen hoffnungsvoll vor den heutigen Tavernen, schauen auf die Touristen, ge-

الحاج
محمد

nauso, wie ihre Vorfahren zu Füßen der Straßenpassanten und Gasthausbesucher im alten Ägypten saßen.

Die Tempel-Theorie

Einen anderen Weg zur Domestikation könnte über viele Jahrhunderte das Zusammenleben der afrikanischen Wildkatzen und der Dschungelkatzen eröffnet haben, die eingesperrt in den Tempelheiligtümern wohnten, sich aller Wahrscheinlichkeit nach untereinander vermischten. Aber bis in die jüngste Zeit sind Nachweise hierfür nur sehr bruchstückhaft. Über lange Zeiten hat man Katzenfriedhöfe aufgefunden, sie wurden aber ausgeplündert. In den Tagen Napoleons zündete die französische Militärverwaltung einen solchen Katzenfriedhof an, um seine Größe zu ermitteln - er brannte über mehr als eine Woche. Während der zweiten Hälfte des neunzehnten Jahrhunderts fanden viele ägyptische Bronzekatzen, gelegentlich auch Katzenmumien, ihren Weg in die europäischen Museen und auf den Sammlermarkt. Da aber die meisten von ihnen unerlaubt ausgegraben und einzeln verkauft wurden, war es in aller Regel unmöglich, sie bestimmten Grabstätten zuzuordnen. Dann endlich fand man neben einem alten Tempel am mittleren Nil, der Katzengöttin Pakhet gewidmet, auf einem Katzenfriedhof eine riesige Anzahl von Katzenmumien.

1889 warf das Dampfschiff *Pharos and Thebes* in Liverpool Anker, entlud am Dock eine Ladung von 19½ Tonnen Katzenmumien. Unglaublich, aber wahr - diese Mumien wurden zum Preis von etwa vier Pfund je Tonne auf einer Auktion als Dünger versteigert. Die Mumien hatte man entdeckt, als ein Einwohner von Beni Hassan in der Wüste jenseits des engen Gürtels der Nilerschließung zu graben begann und hunderttausende von Katzenmumien fand, etwa zwanzig Fuß tief im Boden vergraben. Der einzige Ägyptologe, der diese Grabstätte besuchte, war William Martin Conway. Er berichtete: »Die Ausplünderung dieses Friedhofs war sehenswert, man mußte sich aber immer vom Wind abgewandt aufstellen. Tagtäglich kamen die Dorfkinder, versorgten sich selbst mit den attraktivsten Mumien, die sie finden konnten. Sie trugen sie dann

Im modernen Ägypten fressen Katzen genauso wie zu den Zeiten der Pharaonen Nahrungsmittelreste in den menschlichen Ansiedlungen. Ein gutes Beispiel ist diese gestromte Tabby Katze in den schmalen Straßen des Kairoer Basars. War das Vertilgen von Abfällen entlang den Straßen der Menschen vor tausenden von Jahren der Weg der Katze zur Domestikation?

zum Flußufer hinunter, um sie für kleines Geld an vorüberkommende Reisende zu verkaufen. Der Weg war übersät von Mumientüchern und Resten von Katzenschädeln, von Knochen und Fell in erschreckender Zahl - und der Wind trieb die Fragmente umher, verteilte den Gestank.«

Örtliche Unternehmer verarbeiteten die Knochen als Zahnpulver, die Mumientücher kamen in die Lumpenpresse. Conway nahm eine der wenigen hier gefundenen Bronzen mit sich. Sie hatte eine Mumie beherbergt, von der er annimmt, daß sie zu ihrer Zeit die Leibkatze im Schrein von Pakhet war.

Über tausende von Jahren ungestört wurden diese Riesenmengen an mumifizierten Katzen einfach ein paar Jahre zu früh entdeckt. Nachdem die Museen und Sammler einige Spezialstücke erworben hatten, waren sie an der riesigen Materialmenge, die noch vorhanden war, wenig interessiert. Heute könnte eine sorgfältige Auswertung der Mumien sehr viel über die Frühgeschichte unserer Hauskatze enthüllen. Erstaunlicherweise hat nur ein einziger Katzenschädel aus den 19½ Tonnen verschiffter Mumien im Britischen Museum überlebt.

In jüngerer Zeit habe ich im Katzentempel der Pakhet eine große Anzahl von Bruchstücken von Katzenknochen gefunden, viele von ihnen waren angebrannt. Die Räume, durch die ich ging, sind heute von Fledermäusen bewohnt, beherbergten aber wahrscheinlich früher einmal die Tempelkatzen. Unter diesen Knochen fand ich auch Knochen der Dschungelkatze. Dadurch wurde das in der Nähe entdeckte frühe Grabgemälde, auf dem diese Spezies wiedergegeben ist, bestätigt.

Von den wenigen Schädeln, die man im letzten Jahrhundert vermessen hat, wurde abgeleitet, daß es sich bei nach der Domestikation mumifizierten Katzen sowohl um Dschungelkatzen wie auch Afrikanische Wildkatzen handelte. Aber die Mehrheit dieser Schädel stammt von einer anderen Katze, in der Größe zwischen diesen beiden liegend. Man nannte sie *Felis lybica bubastis*. Was war aber *bubastis* - eine Zwischenstufe zur heutigen kleineren Hauskatze? Es scheint, daß sie größer war als die Afrikanische Wildkatze. Wird dies der Vorstellung, wonach die alten Ägypter Tempelhybriden gezüchtet haben, Glaubwürdigkeit verleihen? Wenn nur Kater mumifiziert wurden, machten die Messungen einen Sinn. Vielleicht wurden die

Die Plünderung der Katzenfriedhöfe - wie sie hier für die Fernsehserie rekonstruiert wurde - führte in der Vergangenheit dazu, daß große Mengen an Mumien endgültig zerstört wurden. Zum Nachvollziehen der Haustierwerdung der Katze wären sie von unschätzbarem Wert gewesen.

Kätzinnen eingeäschert. Das Grundproblem besteht darin, daß wir nicht über genügend Mumien von bekannten Fundstellen verfügen, um wirklich über den Ursprung der Hauskatze sinnvolle Schlußfolgerungen zu ziehen.

Wie ist die Schlußfolgerung?

Nach meinem Gefühl liegt die wahre Geschichte über die Haustierwerdung der Katze in einem Kompromiß zwischen den zwei Theorien. Es ist durchaus wahrscheinlich, daß unternehmungslustige Einzeltiere der Afrikanischen Wildkatze die Futtervorräte in den aufblühenden kleinen Siedlungen als feste Nahrungsquelle nutzten, ebenso wahrscheinlich ist auch, daß Paarungen mit der Dschungelkatze in den Tempeln ein neues Tier ergaben. Es klingt durchaus glaubhaft, daß Kreuzungen zwischen der Afrikanischen Wildkatze und der Dschungelkatze in den Tempeln zahmere Einzeltiere hervorbrachten, die sich Menschen gegenüber liebenswerter zeigten. Die hier gezüchteten Tiere könnten dann wieder in den neuen Städten verwildert sein.

Der Autor bei der Überprüfung eines aufregenden Fundes im Tempel von Pakhet. Im Rahmen der Fernsehserie machte er hier zahlreiche Entdeckungen. Werden diese neuen Forschungsergebnisse eines Tages doch noch die wahre Geschichte der Domestikation der Katze aufklären?

Das Jahr 1982 brachte einen großartigen Durchbruch. Alain Zivie, ein französischer Archäologe, arbeitete an dem Grab des Vizir Aperia in Saqqara. Er stieß dabei in der Wüste jenseits des Nil-Westufers auf eine riesige »Stadt des Todes«, fand in ihren Tunneln und Gängen aufgehäuft tausende von Katzenmumien. Die besondere Bedeutung dieses Fundes bestand darin, daß, völlig ungewöhnlich, diese Mumien dem normalen Katzentyp entsprechen, nur in grobe Tücher eingehüllt waren. Es wird viele Jahre sorgfältiger Forschung bedürfen, um diese Vielfalt von Mumien zu untersuchen, die bis auf die Ptolemaische Zeit zurückgehen (323 v. Chr. bis nach der Zeitenwende). Aus diesen Studien sind neue Erkenntnisse zu erwarten. Da aber Saqquara mehr eine Grabstätte war als ein Kultzentrum wie Bubastis oder der Katzentempel der Pakhet in Beni Hassan, hätte man in letzteren Überreste aus der Frühzeit der Katzendomestikation erwarten können. Umso bedauernswerter, daß diese bereits im neunzehnten Jahrhundert entdeckt wurden.

Während der Fernsehserie, auf der dieses Buch basiert, hat es mich überrascht, im Pakhet-Tempel eine völlig neue Fundstätte von Katzenmumien zu entdecken. Über hundert Jahre war man allgemein davon überzeugt, daß die Friedhöfe von Pakhet völlig verloren seien. Die neue Fundstätte umfaßt etwa siebzig Quadratmeter einer dreißig Zentimeter dicken Schicht von zusammengepreßten Mumien. Sie sind dunkelbraun, das Gewebe stark zerfallen, ganz im Kontrast zu den intakten herausragenden Knochen und den sie umgebenden blassen Steinen.

Nun, mit diesen Funden von »Alltagsmumien« scheint es möglich zu sein herauszufinden, was wirklich geschah. Da das Umfeld des Pakhet Tempels als Schlüssel zur Aufklärung der Domestikation gilt, bieten diese Knochen möglicherweise die Chance, den Ursprung der domestizierten Katze zu entschlüsseln.

Links: *Eine frühe Darstellung der domestizierten Katze als Haustier. Römischer Grabstein aus dem ersten oder zweiten Jahrhundert n. Chr., der ein Kind mit einem Kätzchen und einem Hahn zeigt. Aus Ausgrabungen in Colchester könnte man schließen, daß über den Handel mit Rom Katzen und Hühner nach Großbritannien eingeführt wurden.*

Visavis: *Teil eines mittelalterlichen Manuskripts mit Violine spielender Katze.*

2 Ankunft der Katze in Europa

Nach der Vernichtung von Kleopatra's Flotte - 30 n. Chr. - wurde Ägypten römische Provinz. Zu dieser Zeit tolerierte das römische Kaiserreich eine Vielzahl verschiedener Kulturen, führte diese Tradition über etwa vierhundert Jahre fort bis Kaiser Theoderich das Christentum zur Staatsreligion erhob. Alle anderen Religionen wurden ab diesem Zeitpunkt unterdrückt, einschließlich der Verehrung der Bastet. Ohne diesen Kult, der die Katze in Ägypten so groß gemacht hatte, verlor sie viele ihrer Anhänger.

Eine Kinderrassel

Als die Katze sich nach Europa ausbreitete, besaß sie noch immer göttlichen Status, und das Sistrum begleitete sie. Dieses aus vier Metallstäben bestehende Instrument war möglicherweise Motiv mittelalterlicher Portraits, auf denen Katzen als Violinspieler dargestellt werden. Gleiches gilt für die Schnitzarbeit einer Katze mit vier kleinen Kätzchen im Chorgestühl von Beverley Minster, die sich noch stark an Bastet anlehnt. Ein alter Kinderreim unbekannter Herkunft gewinnt seinen Sinn, wenn er mit dem Sistrum begleitet wird:

Hey diddle diddle
Die Katze und die Fiddel
Die Kuh sprang über den Mond.

Dann wird dieser Kinderreim zum Vermächtnis der alten Fruchtbarkeitsriten in Bubastis mit allen ihren Elementen: Der Katzengöttin Bastet, dem Sistrum, der Göttin Hathor in Gestalt einer Kuh und dem Mond.

Die jungfräuliche Muttergottes

Alle Religionen des Mittelmeerraums verehren eine Mutter Erde Gottesgestalt, gleichzeitig immer jungfräulich und doch Sinnbild der Fruchtbarkeit. Diese Rolle erfüllte Bastet in Ägypten, Artemis in Griechenland und Diana in Rom. Für Herodot, Alexander den Großen und ihre griechischen Zeitgenossen waren Bastet und Artemis verschiedene Formen der gleichen Gottheit. Und auf ähnliche Art wurde Diana als der Katzengottheit gleich gesehen.

Analoges gilt für die Glaubensbekenntnisse in den nördlichen europäischen Regionen. Freya verkörperte diese Stellung für die Völker im heutigen Deutschland und Skandinavien, Matres für die Kelten. Alte teutonische Sagen erzählen von Freya's Streitwagen, der von kleinen Katzen am Himmel gezogen wird. Katzen waren in der Regel weiß, manchmal aber auch schwarz oder grau. Diese Farben zeigen, daß die Hauskatzen angekommen und in die nordeuropäischen Religionen aufgenommen waren.

Genauso wie die europäischen Religionen viele Eigenschaften von Bastet auf ihre eigenen Gottheiten übertragen haben, so absorbierte die frühe christliche Kirche auch aktiv kultische Feste. Der Ehrentag der jungfräulichen Mutter Gottes Diana/Artemis beispielsweise wurde zur Basis der Jungfrauenverehrung. Damit wurde die Jungfrau Maria Trägerin der alten Tradition jungfräulicher Gottesmütter.

Die Katze und Jungfrau Maria

Ab dem dreizehnten Jahrhundert stoßen wir immer häufiger auf religiöse Gemälde von Jungfrau und Kind, sie wurden zum vertrauten Bestandteil westlicher Kunst. Einige dieser Gemäl-

Entwurf der Heiligen Familie mit einer Katze von Leonardo da Vinci. Hierbei symbolisiert das Tier die göttliche Fruchtbarkeit der Jungfrau Maria.

de, beispielsweise die *Verkündigung* des italienischen Malers Lorenzo Lotto aus dem sechzehnten Jahrhundert, zeigen auch eine Katze. Auf dem Gemälde von Lotto läuft, als die Jungfrau von ihrer Schwangerschaft erfährt, eine Katze durchs Zimmer. Kunsthistoriker legen dieses Gemälde häufig so aus, als fliehe der Teufel angesichts des Engels. Aber wenn eine Katze vor dem Engel flieht, wäre sie sicher nicht ein enger Gefährte der Gottesmutter. Sähe man bei der Heiligen Familie die Katze als ein Symbol des Teufels, wie man dies bei den Künstlern des Mittelalters und der Renaissance antrifft, warum wohl würde das Christkind in der zarten Zeichnung von Leonardo da Vinci liebevoll die Katze in die Arme schließen? Nein, diese Katzen sind Symbol der göttlichen Fruchtbarkeit der Jungfrau, als direkte Nachfolgerin von Bastet, dem Sinnbild der Fruchtbarkeit.

In Erweiterung dieses Symbols glaubten die Kopten, die ursprünglichen Christen in Ägypten, daß bei der Flucht der Heiligen Familie aus Ägypten, um dem Dahinschlachten der Kinder durch Herodes zu entkommen, diese einige Zeit in Bubastis verweilte. Dies war zur Blütezeit der Katzenverehrung. Möglicherweise spielten Maria und das junge Jesuskind wirklich mit Katzen, und das Motiv von Leonardo's Zeichnung zeigt damit eine wahre Geschichte.

Die Verkündigung *von Lorenzo Lotto. Ist es der Teufel in Form einer Katze, der vor dem Engel flieht oder - wahrscheinlicher - steht die Katze hier als Symbol weiblicher Fruchtbarkeit?*

Die Phönizier und die schwarze Katze

Die ägyptischen Hauskatzen hatten das gestromte Fellmuster ihrer Ahnen, aber bald nach ihrer Ausdehnung auf andere Länder entstand durch eine Mutation die erste Farbveränderung - die schwarze Katze trat auf. Der Genetiker Neil Todd führt die Verbreitung der schwarzen Katze auf die Phönizier zurück, ein Handelsvolk, das sich zwischen 1200 und 146 v. Chr. in einem Gebiet angesiedelt hatte, welches den heutigen Libanon und Syrien umfaßte, mit eigenen Handelszentren auch am ganzen Mittelmeer entlang. Diese Mutation trat wahrscheinlich in einem ihrer nordafrikanischen Häfen auf und verbreitete sich von dort über ihre Handelswege (vergleiche die Seiten 97 ff. mit der Erläuterung der genetischen Veränderungen).

Zuweilen wird behauptet, die ersten Hauskatzen, die nach Großbritannien kamen, seien schwarz gewesen, wären von den Phöniziern ins Land gebracht worden. Aber diese Seefahrer unterhielten keine direkten Verbindungen nach Großbritannien. Der Handel mit britischem Zinn scheint über Spanien und die

Kelten erfolgt zu sein. Möglicherweise kam über diese Wege auch die schwarze Katze nach England. Viel wahrscheinlicher erscheint es jedoch, daß die ersten domestizierten Katzen direkt über die regelmäßigen römischen Schiffsverbindungen zu den Küsten Großbritanniens kamen.

Die ersten englischen Katzen

Wenn Du in den Gewölben des Claudius Tempels in Colchester stehst, hast Du das Gefühl, in der ersten Hauptstadt des römischen Englands zu sein. Dieser Tempel wurde von den Römern zu Ehren ihres Kaisers, der England im Jahre 43 n. Chr. eroberte, errichtet. Im Triumph zog er an der Spitze seiner Armee in das keltische Colchester ein, verdoppelte den Eindruck seines Einmarsches auf die Engländer durch die mitziehenden Elefanten. Colchester war schon zuvor Hauptstadt Großbritanniens. Der vor kurzem verstorbene König Cunobelin hatte mit den Römern ausgiebig Handel betrieben, die ihn als *Rex Britannicus* kannten.

Als Beweis dieses Handels fand man in einem Festungsgraben von Cunobelins Colchester Knochen der ersten nach England gebrachten Hühner. Auch ein einzelner Katzenknochen wurde gleichzeitig gefunden, aber bis heute dessen Bedeutung weitgehend übersehen. Ich glaube, dies ist der früheste Nachweis einer domestizierten Katze, der in England gefunden wurde. Er wird auf die Jahre 10 - 43 n. Chr. datiert, also kurz vor der römischen Invasion.

Es ist bekanntermaßen schwierig, die Knochen von wilden und domestizierten Katzen voneinander zu unterscheiden. In diesem Fall kann aber die Stelle, wo man diese Knochen gefunden hat, bei der Identifikation helfen. Frühere Katzenknochen wurden ausgegraben, aber aufgrund der Vielzahl anderer Knochen wilder Tiere, die ringsum lagen, stammten diese wahrscheinlich von der Wildkatze *Felis silvestris*. In Colchester sprechen die Hühnerknochen, die Art der Fundstätte und die Größe des Knochens alle gemeinsam dafür, daß es sich wirklich um eine Hauskatze handelte.

In dem römischen Chelmsford I habe ich eine ganze Anzahl

»Was bedeuten diese Pfoten aus alten Zeiten ...?« Römische Ziegel aus Chelmsford, Essex mit klaren Abdrücken von Katzenpfoten.

von Dachziegeln identifiziert, auf denen sich Katzenpfoten eingedrückt haben. Mir erscheint es recht unwahrscheinlich, daß eine Wildkatze quer durch das Ziegeltrockenfeld, mitten durch menschliche Wohngebiete, spazieren ging. Dies genau ist aber das, was Hauskatzen gewöhnlich tun - wie jedermann weiß, der je einen Betonweg gegossen hat. Vier dieser mit Katzenpfoten geschmückten Ziegel wurden bei der Grundsteinlegung eines Tempels im dritten Jahrhundert als Fußplatten eingesetzt. Dies bedeutete möglicherweise etwas ähnliches wie wir heute Münzen in Fundamente stecken, um Segen für das Gebäude zu erbitten.

In römischen Niederlassungen aus dem dritten Jahrhundert an der Küste vor dem Fort Porchester fand man Überreste vieler Katzen, dabei wurden ganze Skelette in alten Brunnen ausgegraben.

Neben einem Tempel im römischen Chelmsford fand man einen Ritualbrunnen voller Pferdeschädel und Katzenknochen, die auf etwa 150 n. Chr. datiert werden. Im Wasser, das aus einer Quelle aus dem Boden floß, sahen die Kelten den Eingang zu einer anderen Welt. Bei den Knochen handelt es sich um Opfer zu Gunsten der Göttin der Fruchtbarkeit.

Dämonische Verbindungen

Wenige der römischen Soldaten stammten in dieser Zeit direkt aus Rom, die meisten waren Söldner aus den verschiedenen Teilen des römischen Reiches. Diese Vermischung der Völker beschleunigte die Verbindung von verschiedenen Glaubensbekenntnissen, verband die Götter der Fruchtbarkeit von Mutter Erde - gemeinsam mit der Katze. Sie verschmolzen mit potenten, maskulinen, Hörner tragenden Gestalten, etwa mit dem ziegenartigen Gott Pan, der in den Kulturen mit Weidewirtschaft herrschte.

Nachdem das Christentum zur Staatsreligion des römischen Kaiserreiches geworden war, sah man alle anderen Religionen als heidnisch an, verbannte ihre Götter in die Welt der Dämonen und Teufel. So wurde die Pan-Gestalt zum männlichen Teufel, auch Diana-Verkörperungen wie die Katze wurden zu

In der Vergangenheit boten die Klöster Katzen in der Hitze des Tages Schatten, bei kaltem Wetter Schutz und Wärme. Außerdem bot die Küche eine Fülle an übrig gebliebener Nahrung.

Dämonen. Die Anhänger anderer Religionen wurden als Teufelsanbeter schwer bestraft.

Das Christentum wurde zu einem von Männern beherrschten Glauben, den Frauen verblieben wenig andere Aufgaben als die der sich unterwerfenden Altardienerinnen. Kein Wunder, daß Frauen, die ihrem alten Glauben anhingen, sich durch eine fremde, ihnen auferlegte Kirche nicht angezogen fühlten. Mit wachsendem Widerstand und dem Ablauf der Zeiten verfiel der alte Fruchtbarkeitsglaube. Der Hexenkult entwickelte sich.

Die Katze rettet sich

Während der römischen Besatzung lebte die Katze in den Festungen und Städten, wurde zum geschätzten Haustier der neuen herrschenden Klasse in ihren ländlichen Villen. Aber als in Rom der Druck ins Land eindringender Horden anstieg, wurden die Besatzungskräfte nach Hause gerufen, um Rom zu verteidigen. Im fünften Jahrhundert verließen die letzten Römer England, ihre Katzen blieben zurück, um wieder frei in der Wildnis zu leben.

Jetzt wurde England das Opfer anderer Eindringlinge. Als die sächsischen Stämme begannen, das Land mehr und mehr zu kultivieren, wurden die Waldgebiete in Felder umgewandelt. Und die verwilderte Katze, welche sich die menschlichen Siedlungen zunutze machte, verdrängte nach und nach die europäische Wildkatze. Mit dem Aufblühen der Städte wuchs auch wieder die ans Haus gebundene Katzenbevölkerung. Man sah in der Katze ein nützliches Arbeitstier, aber kein Haustier für das Kaminfeuer. Ihr Wert wurde parallel zu ihrer Größe und Nützlichkeit gesehen. Dies beweist ein Gesetz, welches im Jahre 936 Hywel der Gute, Prinz von South Wales, erließ. Danach war ein kleines Kätzchen mit dem Öffnen seiner Augen einen Penny wert, zwei Pence, ehe es seine erste Maus gefangen hatte, danach vier Pence. Wurde eine Katze, die in einer königlichen Scheune das Korn schützte, getötet, war der Ersatz in Form von Weizenkörnern folgendermaßen bestimmt: die tote Katze wurde am Schwanz so hochgehalten, daß ihr Kopf gerade noch den Boden berührte, danach mußte Weizen in einem Haufen über sie geschüttet werden, bis ihre Schwanzspitze bedeckt war.

Klostermiezen

Anfänglich wurden Katzen rings um die Kloster als Streuner geduldet. Genauso wie die heutigen Krankenhäuser die Entstehung verwilderter Katzengruppen begünstigen, so gab es in den mittelalterlichen Klöstern warme, zentrale Küchen, in denen viel Abfall anfiel; hinzu kamen mannigfaltige Gebäude, die gegen das Wetter Schutz boten. Wie heute einzelne Krankenschwestern Katzenfutter hinausstellen, kam es auch zu Freundschaften zwischen Mönchen und einzelnen Katzen. Ein irischer Klosterschüler im achten oder neunten Jahrhundert hielt dies fest, schrieb ein Gedicht, um diese Beziehung zu schildern:

Pangur Ban, meine Katze und ich
wir beide haben die gleiche Pflicht.
Das Jagen nach Mäusen ist seine Freud,
ich suche nach Worten zu nächtlicher Zeit.
So tun wir beide unsere Pflicht,
Pangur Ban, meine Katze und ich.

In der frühen keltischen irischen Kirche waren Katzen sehr populär. Da die Römer nicht bis nach Irland vordrangen, kann es durchaus sein, daß hier Mönche die ersten schwarzen und tabbyfarbenen Katzen gehalten haben. Die Ginger-Katzen kamen wahrscheinlich erst später ins Land, gemeinsam mit den Wikingern.

Eine sehr nüchterne Haltung herrschte im frühen Mittelalter. Wurde die Katzenzahl zu groß, wurden sie ganz einfach verfolgt. Als König Henry III in einer königlichen Anordnung die Katzenjagd auf der Bicknacre Priory in Essex offiziell erlaubte, war Katzenfell der einzige Pelz, den Geistliche tragen durften. Zuweilen unterstellte man, daß tatsächlich nur echte Wildkatzen gejagt wurden, aber der mittelalterliche Jagdbegriff *a clowder of cats* bezieht sich auf eine Gruppe. Dies paßt

Sir Richard Whittington, dreimal Bürgermeister der Stadt London. Im sechzehnten Jahrhundert galt die Katze als Glücksbringer, wie beispielsweise in der Geschichte von Dick Whittington. Daneben wurden über sie als Lebensgefährten der Hexen und Instrument des Bösen sehr viele finstere Geschichten kolportiert.

aber sehr viel besser für die Jagd auf verwilderte Hauskatzen als auf Wildkatzen, die Einzelgänger sind.

Magie und Mythenbildung

Die Katze hatte für die meisten Menschen im Mittalter zwar ihren göttlichen Status verloren, dennoch schrieb man ihr magische Kräfte zu. Der Besitz einer Katze bedeutete nicht einfach Glück, sondern man glaubte, er bestimmte das Glück auf eigene Art. So wurden die Geschichten von Dick Whittington und vom Gestiefelten Kater, zum Hintergrund heutiger Weihnachtsgeschichten, im siebzehnten Jahrhundert niedergeschrieben. Sie gehen aber auf alte Geschichten über magische Katzen zurück, die ihren Herren zum Glück verhalfen, die weit bis ins frühe Mittelalter zurückreichen.

Die Pantominengeschichte von Dick Whittington schildert den Siegeszug eines armen Knaben, der dank der Hilfe einer Katze als Lord Mayor von London zu Wohlstand und Macht kam. Der echte Whittington gewann tatsächlich ein Vermögen, wurde Bürgermeister von London, es gibt aber keinerlei Hinweise, daß er je eine Katze besessen hätte. Das erste Bild von ihm mit einer Katze entstand hundert Jahre nach seinem Tod, aber nur dreißig Jahre vor den ersten englischen Hexentribunalen. Der Künstler illustrierte wahrscheinlich den allgemeinen Volksglauben, daß plötzlicher Wohlstand magischer Kräfte bedurfte, damit der Hilfe einer Katze.

Diese Geschichten zeigen die positiven Seiten der Katzenmagie, betrachtet aus dem Blickwinkel der Täter, nicht der Opfer. Genauso positiv sah man die verbreitete Praxis, Katzen in die Wände der Häuser einzumauern, um Ratten und das Böse fernzuhalten; dieser schlimme Brauch dauerte bis zum Ende des neunzehnten Jahrhunderts. Aber für die Menschen des Mittelalters gab es auch eine düstere Seite der Katzenmagie, verbunden mit Dämonen- und Hexenkraft. Sie führte zum erbärmlichen Tiefpunkt in der Geschichte der Katze.

3 Von der Gefährtin der Hexe zum verwöhnten Haustier

Ieper, die Stadt der Katzen

Jedes Jahr feiert über einen Tag die ganze Stadt die Katze - eine große Prozession mit tausenden von Menschen, als Katzen in allen Formen und Größen verkleidet, zieht durch die Stadt. Ieper in Belgien - auch als Ypres bekannt - wurde im Ersten Weltkrieg völlig zerstört, dann aber wie früher wieder aufgebaut, einschließlich der berühmten Tuchhalle - Cloth Hall - mit ihrem siebzig Meter hohen Turm. Diese Stadt hat auch ihr uraltes Katzenfestival bewahrt, die Katzenparade, die über Stunden durch die Straßen zieht.

Dabei spielt sich die ganze Geschichte der Katze vor den Augen des Zuschauers ab. Einer Statue der Bastet, auf einem Wagen aufgebaut, folgt die schwarze Katze von Connaught, die Irisch-Keltische Katze, bekannt wegen ihrer schrecklichen Orakel. Dann kommt die germanische Fruchtbarkeitsgöttin Freya, sechs Meter hoch auf einem Wagen thronend wird sie durch zwei riesige *pussy cats* gezogen. Dann symbolisiert ein riesiger Tempelritter den schlimmen Wendepunkt in der Geschichte der Katze, als ihre Akzeptanz in der Gesellschaft schwand. Die Parade mündet in die Zeiten der Hexenmacht, der Entwürdigung der Katzen. Es folgt ein Hexentribunal durch laufende Flammen, in denen die Hexen verbrannt werden.

Aber warum verkleiden sich Jahr für Jahr zweitausend Menschen, laufen durch die Straßen, um die Geschichte der Katze zu erzählen? Der Reiz liegt bestimmt im Ritual nach der Prozession. Die *Katzenkönigin des Jahres,* ihre Gehilfen und Jester - der Narr - besteigen den Kleiderturm, den *Cloth Tower.*

In jedem Mai verkleiden sich Einwohner von Ieper in Belgien und veranstalten eine Parade durch die Straßen der Stadt, entlang der berühmten Cloth Hall, in Erinnerung an ein Jahrhunderte altes Ritual, bei dem Katzen vom hohen Turm hinabgeworfen wurden.

Der Narr wirft zum Entzücken der unten versammelten Menschenmenge Katzen vom Turm. Heute werden nur noch Spielzeugkatzen hinuntergeschleudert, aber bis zum Jahre 1817 waren es lebende Katzen! Dieses bizarre Ritual stellt eine symbolische Erinnerung an ein Ereignis dar, das vor mehr als tausend Jahren stattfand. Im Jahre 962 ordnete Baldwin III, Graf von Ypres und gleichzeitig Graf von Flandern, an, daß von einem Turm, errichtet über einem Messingkultschrein einer Katze mit zwei Kätzchen, zwei oder drei Katzen hinuntergeworfen werden mußten. Damit wollte er die öffentlichen Ankläger davon überzeugen, daß die Gemeinde Ieper der Katzenverehrung abgeschworen hatte, so liest man es in den Büchern. Aber so früh wie im zehnten Jahrhundert gab es noch keine Anklagen dieser Art. Hätten die Bürger der Stadt den Wunsch gehabt, in der Öffentlichkeit Katzen umzubringen, hätte man sie verbrennen, ertränken, zerquetschen oder mit Dreschflegeln erschlagen können.

Im Jahre 1817 notierte der Stadtschreiber: *Wie in der Vergangenheit warf auch dieses Jahr der mit dieser Aufgabe Betraute das Tier, das sie opfern wollten, in die Menschenmenge. Manchmal wurde die Katze trotz der Fallhöhe dabei nicht einmal verletzt, rannte so schnell von dannen, als wollte sie sicher sein, niemals wieder für eine ähnliche Zeremonie eingefangen zu werden.*

Nach meiner Überzeugung handelte es sich bei diesem Spektakel weniger um eine öffentliche Demonstration, daß die Bevölkerung der Katzenverehrung abgeschworen habe, vielmehr ist dieses Turmritual als Beweis der übernatürlichen Kräfte der Katze zu sehen. Ihre an Wunder gleichende Fähigkeit, aus großen Höhen herunterzustürzen und sicher auf ihren

Oben: *Ein Chorgestühl aus dem 15. Jahrhundert der Kirche von St. Sulpice in Diest in Belgien zeigt einen Mann beim Werfen einer Katze.*

Unten links und rechts: *Diese berühmte Fotofolge wurde 1894 von dem französischen Physiologen Marey aufgenommen. Sie zeigt die einzelnen Stadien, wie eine geworfene und herabstürzende Katze sich bis zur Landung auf dem Boden selbst dreht. Diese Fähigkeit erlaubt der Katze, auch sehr tiefe Stürze zu überleben, zwar verletzt, aber lebend.*

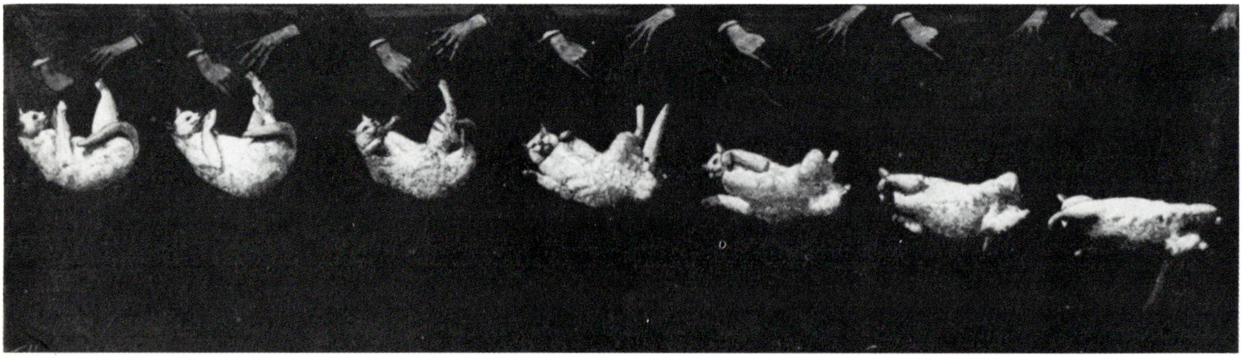

Pfoten zu landen, war mit Sicherheit um 1260 n. Chr. bekannt. Aus diesem Jahr gibt es eine Schilderung des Franziskaner-Mönches Bartholomeus Anglicus über dieses jährliche Katzenwerfen in Ieper: »... und ohne daß sie verletzt ist, obwohl sie von hoher Stelle herabgestürzt wurde.«

Freifallende Katzen

Wie genau sich eine Katze im Fall selbst wieder aufrichtet, wurde 1894 erstmals durch den französischen Physiologen Marey in Fotos demonstriert, wobei sechzig Aufnahmen je Sekunde gemacht wurden. Sofort im Fall dreht die Katze ihre Vorderhälfte halb und stellt ihren Kopf aufrecht. Danach dreht sich automatisch der hintere Körperteil. Hat die Katze die richtige Lage erreicht, sind ihre Glieder ausgestreckt auf die Landung vorbereitet. Dabei spreizt sich das Tier horizontal so stark wie möglich, vergrößert damit den Luftwiderstand und verlangsamt den Fall. Auf diese Art können Katzen einen Sturz aus unglaublichen Höhen überleben. Gerade vor kurzem hat man herausgefunden, daß erstaunliche neunzig Prozent aller Katzen, die von den Wolkenkratzern New Yorks stürzten, den Fall überlebten, natürlich aber Verletzungen erlitten. Überraschend, Stürze aus einer Höhe von über fünfundzwanzig Metern verliefen glimpflicher, denn die Rotationen wurden vor der Landung besser stabilisiert. Dies ist eine Anpassung zur Überlebenssicherung, die sich auch bei der Jagd hinter der Beute

Rechts: *Dank heutiger Fototechnik sieht man Marey's fallende Katze hier in einem modernen Zeitrafferbild.*

Springen und die Balance halten sind zwei Geschicklichkeiten, für die eine Katze beste Voraussetzungen mitbringt, wie diese blaue Burmakatze demonstriert.

durch Bäume bewährt, denn auch im Eifer der Jagd kommt es gelegentlich zum Sturz. Diese Eigenschaft, ebenso wie die reflektierenden Katzenaugen, eine unerläßliche Voraussetzung für die nächtliche Jagd, wurden von den Menschen des Mittelalters zum Schaden der Katze mißverstanden. Wenn ein Mensch, ein Hund oder eine Kuh von einem hohen Turm gestürzt wurden, starben sie. Daß aber Katzen aus großer Höhe herunterstürzen konnten und viele, offensichtlich durch eine

Katzen scheinen die Gabe zu besitzen, mühe- und bewegungslos auch auf schmalsten und armseligsten Stellen die Balance zu halten.

Eine sehr nützliche Fähigkeit, wenn man eine Beute, die in den Bäumen lebt, beobachten und fangen möchte.

Art Wunder, unverletzt davonliefen, war das Erstaunliche. Kein Wunder, daß die Massen zusammenströmten um dies zu sehen.

Der Weg ins Dunkel

Im dreizehnten Jahrhundert kam es in Europa aufgrund fundamentaler Veränderungen der sozialen und religiösen Strukturen zu einer dramatischen Umgestaltung der Beziehungen des Menschen zur Katze. Genauso wie die menschliche Toleranz starb, so starb auch die Katze - zu Tausenden!

In den Zeiten der Kreuzzüge, die im elften Jahrhundert begannen, trafen in Spanien und im Mittleren Osten christliche und mohammedanische Lehren aufeinander. Der warme Süden Frankreichs - von Aquitaine bis zur Provence - war für neue Ideen besonders aufgeschlossen. Hierzu gehörte auch die *Höfische Liebe*, welche die Frauen idealisierte. Die Kultur der Provence zu dieser Zeit gehörte zu den verfeinertsten Kulturen in ganz Europa. Interessanterweise wurde eine weibliche Heilige des Südens - die Heilige Agatha von Languedoc *Santo Gato - Heilige Katze* genannt.

Die machtvollen Frauen von Languedoc förderten das Aufkommen von neuen religiösen Sekten wie die Katharer oder Albigenzer (nach der Stadt Albi benannt). Gemeinsam mit der frühen christlichen Kirche predigten sie die Vorzüge von Reinheit und Einfachheit im Alltagsleben. Diese Sekten verbanden die Lehren des Christentums mit den Lehren des persischen Propheten Mani, mit ihren mystischen und metaphysischen Elementen, die kein Bestandteil des offiziellen Katholizismus waren. Mani's Anhänger wurden beschuldigt, eine schwarze Katze zu verehren.

Wildes und geschicktes Spiel einer kleiner Katze spiegelt ihr Instinktverhalten - eine wichtige Vorbereitung für die viel ernsthaftere Aufgabe, eines Tages geschickt die Beute zu greifen.

Im Babylon des dritten Jahrhunderts hatte der Prophet eine Reihe örtlicher Religionen miteinander verbunden, die wiederum mit der Katzenverehrung im nahe gelegenen ägyptischen Nildelta in Verbindung standen. Im zwölften Jahrhundert erklärte der Wissenschaftler Alain de Lille, die Katharer führten ihren Namen auf Katzen zurück, denn in Gestalt der Katze sei ihnen Luzifer - der Teufel - erschienen. Und einige Mitglieder einer ähnlichen Sekte, die Waldenser, *bekannten*, daß die Katze in bestimmte Zeremonien eingegliedert sei, von ihnen unter dem Schwanz geküßt werde.

Diese abtrünnigen Sekten wurden von dem Hauptstrom des Christentums bald zu Abweichlern erklärt, man verdächtigte sie des Paganismus - Heidentums - und der Teufelsverehrung. Papst Innocent III löste den grausamen Albigensischen Kreuzzug und die Inquisition aus, um gegen diese populären Bewegungen anzugehen - und mit diesem Kreuzzug zerstörte er die ganze Kultur der Provence.

In den mittelalterlichen Vorstellungen waren »Glaubensabweichler« oft mit anstößigen Praktiken in Gemeinsamkeit mit der verdächtigen Kreatur Katze verbunden. Diese Illustration des Buches der Makkabäer, in einer Winchester Bibel ausgangs des zwölften Jahrhunderts, zeigt die Enthauptung eines Götzendieners durch Mattathias. Derartige Vorstellungen über Katzenverehrung entstanden aus den Gedankenverwirrungen, die in Europa über die Irrlehren der Katharer bestanden.

Der Templer Orden

Der Templer Orden war ein vornehmer Ritterorden und geht auf streitbare Mönche zurück, die es sich 1119 zur Aufgabe machten, die sichere Passage der Pilger in das Heilige Land zu schützen. Ihre makellose Ehre ermutigte die europäischen Prinzen, sie als Bankiers und zur Sicherung ihrer Werte einzusetzen. Aber der Wohlstand, welchen der Orden hierdurch errang, führte zum Verlust seiner Popularität.

Das Leben im Mittleren Osten befähigte den Orden, sich auch mit den anderen Kulturen seiner Nachbarn vertraut zu machen. Und diese *Ansteckung* durch östliche Religionen, Sitten und Gebräuche machten die Templer im übrigen Europa verdächtig.

Im Jahre 1291 wurden alle Christen aus dem Heiligen Land vertrieben, ein Drittel der 15.000 Templer nahm seinen Wohnsitz in Frankreich. Diese wohlhabende, gut organisierte Armee entnervte König Philip, den Herrscher von Frankreich, da er keine Kontrolle über sie besaß. Er veranlaßte den Großinquisitor, die Templer zu beschuldigen, sie seien vom richtigen Glauben abgekommen. Unter der Folter kam es zu entsprechenden *Geständnissen*. Die Hauptanklage gegen die Templer lautete, sie verleugneten Christus und verehrten Götzen. Einige Ordensangehörige »gestanden«, eine schwarze Katze als Götzen zu verehren, während des Gottesdienstes die Katze zu küssen. Dieser Götze wurde Baphomet genannt, ein Name, der an Bastet erinnert. Diese »Geständnisse« reichten dem französischen König als Entschuldigung für die Vernichtung des Ordens aus.

Waren diese Anschuldigungen vollkommen unsinnig? Die Templer hatten in einer Welt gelebt, die von den Vorstellungen des alten ägyptischen Katzenkults durchdrungen war, wo es viel mehr Katzen gab als in Europa. Diese Mönche - in Isolation lebend - waren wahrscheinlich dem Charme eines Tieres erlegen, das ihnen verhältnismäßig unbekannt war. Einige Templer-Burgen lagen in den gebirgigen Landschaften der heutigen Türkei, wahrscheinlich hat dieser Orden die ersten Angora-Katzen nach Frankreich gebracht. Absolut unwahrscheinlich ist jedoch, daß die Templer Katzenverbindungen der Art unterhielten, wie sie die Inquisition unterstellte. In dieser Zeit war es aber gängiger Brauch, »Abweichler« solcher Praktiken zu beschuldigen.

Verbrennen von Katzen

Die Menschen wurden nicht allein wegen ihrer vermutlich recht weltlichen Verbindungen mit den Katzen verfolgt, auch die Katzen selbst wurden zu Opfern. Die Kelten hatten versucht, ihr eigenes Fortleben nach dem Tod dadurch zu erzwingen, daß sie die Verkörperungen ihrer Gottheiten rituell verbrannten. Die keltische Mittsommernacht mit ihren Feueropfern, während derer Katzen als Objekte der Verehrung verbrannt wurden, ging später im Christentum in die Festlichkeiten zu Ehren des Heiligen Johannes über. Aber die Feueropfer wurden fortgesetzt, demonstrierten die Anerkennung des Göttlichen, wenn auch Dämonischen, in der Katze.

Das späte Mittelalter wurde zu einer Zeit unaussprechlicher Grausamkeiten gegenüber Katzen, zu tausenden wurden sie lebendigen Leibes verbrannt. Durch ganz Europa wurden sie in Weidenkörben über den Scheiterhaufen geröstet, damit sollte ihr Todeskampf noch verlängert werden, der Teufel mehr leiden. Anläßlich der Thronbesteigung der antikatholischen Elizabeth I im Jahre 1558 verbrannte der Mob in den Straßen von London Katzen als Verkörperung des Papstes. Diese stumpfe Masse sah in ihm das Symbol des Antichrists oder des

Teufels, die Katze wurde mit diesem identifiziert. Die Haltung der Öffentlichkeit änderte sich erst etwa Mitte des siebzehnten Jahrhunderts. König Ludwig XIV war der letzte französische Herrscher, der in Paris die Mittsommerfeuer entzündete.

Der Siegeszug der Hexen

Mit der Entwicklung von Dörfern schlossen sich einige verwilderte Katzen einsamen Witwen an. Beide hatten darunter zu leiden, als die Toleranz hysterischen Verfolgungen weichen mußte. Diese Frauen wurden der Hexerei angeklagt, ihre Katzen erschienen den Menschen als Teufel.

In den Mythen werden Hexen portraitiert, die auf Besenstielen durch die Nächte reiten, sich in Dreizehner-Hexenzirkeln trafen, nackt an magischen Ritualen beteiligen. Dies sind die Hexen der kraftvollen Gemälde des spanischen Hofmalers Goya, es sind auch Shakespeares drei Giftmischerinnen am glühenden Herd in *Macbeth*. In England lag das Zentrum der Hexerei in der mächtigen protestantischen Grafschaft von Essex, wo die Katze auch erstmals englischen Boden betreten hatte. Die Hexenverfolgung erreichte zwischen 1580 und 1590 ihren Höhepunkt, als dreizehn Prozent aller Verurteilungen in dieser Grafschaft wegen Hexerei erfolgten.

Mittelalterliche Mißverständnisse

Obgleich wir heute Hexen als groteske Karikaturen sehen, wurden sie über Jahrhunderte von der Kirche sehr ernst genommen. Solche meist ältere Frauen waren häufig die Hüterinnen der alten Traditionen und Überlieferungen, des Glaubens an eine jungfräuliche Gottheit. Für sie war die Katze als Spiegelbild von Bastet hochwillkommen. Diese Sicht wurde von ihren Anklägern geteilt. Interessanterweise haben die gleichen Mißverständnisse über die Biologie der Katze, welche die Ägypter veranlaßten, die Katze zur Gottheit zu erheben, sie nun zum bösen Dämon verdammt.

Die glühenden, lichtreflektierenden Augen der Katze finden

ihre Erklärung in einer kristallklaren Spiegelschicht hinter der Retina. Durch diese werden die Chancen der Katze, bei ganz wenig Licht noch etwas zu sehen, verdoppelt. Solche Fähigkeiten sind für einen Jäger der Nacht und der Wälder ideal. Für die Hexenankläger wurden sie zu einem »dämonischen Augenglitzern ... dessen Flammen man in der Nacht kaum ertragen kann«, so berichtet Edward Topsell in seiner *Historie of Foure-Footed Beasts*. Der zweite Grund für das mittelalterliche Mißverstehen der Katze stammt aus Beobachtungen, wie sich in den Katzentempeln des alten Ägyptens die Katzenzucht abspielte. Der römische Naturalist Aelian schrieb im Jahre 120 n. Chr. über den Kater: »... der Samen, den er ejakuliert, ist außerordentlich heiß, wie Feuer, und verbrennt das weibliche Geschlechtsorgan.« Dieser Unfug wurde von anderen Schriftstellern einfach später nacherzählt. So faßte dies Anfang des siebzehnten Jahrhunderts Topsell zusammen: »... sein Samen ist so heiß wie Feuer, daß er nahezu die Stellen weiblicher Empfängnis verbrennt.«

Wie dieser Glaube entstand, ist leicht zu verstehen. Wenn der Kater nach der Paarung die Kätzin verläßt, schreit sie auf und schlägt nach ihm. Die tatsächliche Ursache ist nicht weniger interessant als ihre mystische Erklärung. Der Kater hat kleine Haken an seinem Penis, welche beim Zurückziehen an der Scheidenwand kratzen. Aber diese Häkchen sind keine

Die scheinbar aggressive Haltung der Kätzin gegenüber dem Kater direkt nach dem Deckakt hat eine direkte körperliche Ursache, welche die Inzucht einschränkt. Bis vor relativ kurzer Zeit unverstanden, war dies eine der Ursachen, warum über Jahrhunderte die Katze als dämonische Kreatur angesehen wurde.

dämonische Vorrichtung, sondern Bestandteil des Sozialververhaltens der Katze. Um die Katze versammeln sich Kater der eigenen Gruppe, wenn Hormone die Katzen rollig machen. Aber anders als bei den meisten Säugetieren lösen sich die Eier durch den Hormonzyklus alleine nicht. Vielmehr führt erst die Reizung der Vagina bei der ersten Paarung dazu, daß Eier abgestoßen werden, die dann über die Gebärmutterhörner in die Gebärmutter wandern. Dies läßt genügend Zeit, daß auch interessierte Kater von anderen Katzengruppen hinzustoßen, dadurch die Inzuchtquote verringert wird. Das Verhalten der Katze verändert sich von ausgeprägter Unfreundlichkeit bei der ersten Paarung in nachhaltige Aufforderungen der »rolligen Katze« zum Liebesspiel.

Das lustvolle Verhalten und die vielfachen Paarungen, welche das Sexualleben der Katzen bestimmen, wurden im Mittelalter und zu den Tudor-Zeiten als Zeichen von Gottlosigkeit und Sünde angesehen. Damit wirkten sich die natürlichen Instinkte der Katze gegen sie aus. Dies wurde für sie zu einem weiteren Sargnagel in diesem Zeitalter der Furcht und Engstirnigkeit.

Opfer übertrieben argwöhnischer Gemüter

Sowohl die protestantische wie die katholische Kirche bekämpften jene unglücklichen sozialen Außenseiter - die Katze und die »Hexe«. Das erste große und wichtige englische Hexentribunal fand 1565 in Essex statt. Erstmals erscheint dabei die Katze als *familiar* - Gefährtin - und die Überzeugung, daß eine solch *familiar* die Anordnungen der Hexen ausführe, ist ein eigenartiges britisches Phänomen. Der Generalstaatsanwalt von Elizabeth I erschien persönlich auf diesem Tribunal, unterstrich damit, für wie ernsthaft der Staat die Angelegenheit sah.

Katzen wissen schon im voraus, wann es regnet, und reiben und waschen dann ihre Ohren. In der Vergangenheit wurde diese und andere mit dem Wetter verbundene Aktivität falsch interpretiert. Man nahm an, Katzen selbst würden die Wetteränderungen auslösen; und solche Kräfte wurden als sehr gefährlich angesehen.

Die Anklage gegen Elizabeth Francis, Agnes Waterhouse und deren Tochter Joan bezog sich auf den Besitz einer Katze. Nach den Gerichtsberichten lernte Elizabeth im Alter von zwölf Jahren von ihrer Großmutter die Kunst der Hexerei. Die Großmutter lehrte sie, Satan ihr Blut zu schenken und sie über-

Ab Mitte des sechzehnten Jahrhunderts führte die Hexenjagd in England zu einer Vielzahl von Gerichtsverfahren, in denen im übrigen völlig normale Frauen, die zufälligerweise Katzen besaßen, angeklagt wurden, ihre »familiars« zu nutzen, um anderen Menschen Übles anzutun.

gab dieses dem Diener des Satans in Gestalt einer weißen, gefleckten Katze ... sie lehrte sie auch, die Katze bei dem Namen *Satan* zu rufen. Im Verlaufe der Zeit richtete sie verschiedene Befehle an dieses Tier, darunter zum Töten ihres Liebhabers und ihres eigenen Kindes. Dann gab Elizabeth die Katze an ihre Nachbarin, an Mutter Waterhouse. Die neue Besitzerin veranlaßte die Katze, die Haustiere von Nachbarn zu töten, dann durch ihren bösen Blick einen Nachbarn selbst und letztendlich ihren eigenen Ehemann.

Elizabeth Frances wurde zu einem Jahr Kerker verurteilt, Joan Waterhouse war Kronzeugin und wurde entlassen. Ihre Mutter aber wurde für schuldig befunden, »zu Tode gehext zu haben« und hingerichtet. Wie in diesem Fall wurden auch in vielen anderen ganz einfache Frauen beschuldigt, alleine durch Haltung und Besitz einer Katze Zauberkräfte auszuüben.

Im Jahre 1582 fand ein weiteres Gerichtsverfahren in Chelmsford statt. Erstmalig treffen wir auf die Anklage gegen eine Hexengruppe, die gemeinsam vorgehe, sich dabei einer

Anzahl von »familiars« bediene. In diesem Verfahren wurden dreizehn Frauen aus St. Osyth angeklagt, dreiundzwanzig Menschen zu Tode gehext zu haben. Anstatt zu prüfen, ob irgendeine Krankheit den Tod dieser Einwohner verursacht hatte, war der Gutsherr davon überzeugt, daß die Todesfälle durch Hexenkräfte ausgelöst waren.

Das Gericht hörte von seltsamen Vertrauten - *familiars* - darunter Zwergkühen, in der Mehrheit waren es Katzen. Eine der Anklagten - Mutter Peachy - besaß ein Kätzchen, und dieses allein führte zu ihrer Einkerkerung, obgleich sie nachdrücklich bestritt, daß dieses ihr in irgendeiner Weise gedient habe. Cicely Celles wurde verurteilt, sie habe in Gestalt ihrer Katze einen »weißen, kleinen Teufel« besessen, und dieser habe Alice Baxter das Herz angezapft. Weiterhin wurde festgestellt, sie trage »Hexenmarkierungen«. Man glaubte, daß Hexen ihre *familiars* mit ihrem eigenen Blut ernährten. Deshalb suchte man immer nach »Hexenmarkierungen«, die so etwas ganz einfaches wie eine Warze sein konnten. Die Beschuldigten wurden gefragt, ob sie für ihre *familiars* einen Korb mit Wolle ausgepolstert hätten. Alice Manfield bekannte, daß ihr vor zwölf Jahren vier Katzen geschenkt wurden, die sie in einer mit Wolle ausgestatteten Kiste gehalten habe. Der Richter sah in dieser Gutartigkeit Katzen gegenüber ein äußerst verdächtiges Treiben.

Als die Prozesse andauerten wucherten die Mythen. Katzen spüren bereits im voraus, daß es wahrscheinlich regnet, reiben sich mit ihren Pfoten über die Ohren. Bei stürmischem Wetter flüchten sie ins Freie. Diese Verbindung zwischen kätzischem Verhalten und dem Wetter wurde von mißtrauischen Gemütern in jener Zeit wiederum falsch interpretiert. Man glaubte, die Katze selbst löse die Wetterveränderungen aus.

Der berühmteste Fall war der von Agnes Sampson. Unter der Folter hatte sie »gestanden«, daß sie zusammen mit anderen Hexen mit ihrer Katze ein Ritual veranstaltet habe, um den Sturm auszulösen, der das Schiff von König James I und Königin Anne von Dänemark auf dem Weg nach Schottland zum Sinken brachte.

Der Ruf der Katzen wurde so schlecht, daß ihre Verfolgung und gelegentliche Folterungen sich zum festen Bestandteil des

Alltagslebens entwickelten. So besuchte beispielsweise 1549 der Spanische König Brüssel und wurde dabei durch eine groteske Katzenorgel »unterhalten«. Durch das Ziehen der Register wurden die Schwänze lebender Katzen schmerzhaft langgezogen.

Erste Erleuchtungen

Mitte des achtzehnten Jahrhunderts wurde die Katze langsam in der Öffentlichkeit wieder mehr akzeptiert. Unabhängige Geister wie der Schriftsteller Dr. Johnson machten sich durch eigenes Beispiel an die Rehabilitation der Katze, er hielt in seinem Haus eine ganze Anzahl von Katzen. Der Schauspieldirektor John Rich lebte gemeinsam mit siebenundzwanzig Katzen aller Größen, Farben und Arten. Dennoch portraitierte der Künstler Hogarth in seinen Stichen *»Die Stufen der Grausamkeit«* unverändert den typischen Mißbrauch von Katzen, bösartiges Quälen der Tiere durch kleine Jungen, wie es immer noch vorherrschte.

Katze und Hund - Fehlinterpretationen ihres Verhaltens

Über viele Jahrhunderte löste das Mißverstehen von Wesen und Verhalten der Katze Probleme aus. Immer sah man die Unabhängigkeit dieses Tieres. Es ist überhaupt nicht verwunderlich, daß jene, welche die Macht besaßen, völlige Unterwerfung verlangten, etwa die selbstbewußten Könige und die Großen der Kirche; sicher haben sie häufig Katzen verflucht. Der autoritäre Mensch ist eigentlich immer der stereotype Katzenhasser - Katzen-Liebhaber sind toleranter.

Seit dem Mittelalter wurde der Hund stets als bester Freund des Menschen gesehen, die Katze dagegen galt als verdächtig und nicht vertrauenswürdig. Aus den Dokumenten der Kunst über Jahrhunderte quer durch Europa könnte man ableiten, daß der Hund zumindest zehnmal populärer war als die Katze.

Obgleich in einigen Gesellschaftsschichten die Katze zögerlich wieder willkommen geheißen wurde, war sie im achtzehnten Jahrhundert, als Hogarth seine Kupferstiche, bekannt als Stages of Cruelty, *schuf, noch immer Mißbrauch und Quälereien unterworfen. Hier ein Ausschnitt.*

Wenn man dabei noch den Wahnsinn rings um die Hexenverfolgung betrachtet, ist dies sicherlich nicht überraschend. Hervorzuheben ist aber, daß Katze und Hund durchaus ein gemeinsames Leben mit dem Menschen zu führen vermögen, erstaunlich, wenn man ihren getrennten biologischen Hintergrund betrachtet. Die wilden Vorfahren der Hunde entstanden in einer offenen Landschaft in Hunderudeln, die nach dem Auge jagten, dabei einzelne Tiere aus den Herden als natürliche Jagdstrategie abtrennten. Gruppenjagd dieser Art verlangt

Manet

Die Ausdehnung der Städte und Großstädte im neunzehnten Jahrhundert führte zu einem Anstieg der Population der verwilderten Katzen. Ihre nächtlichen Aktivitäten störten den Schlaf der Menschen, da sie sich allerorts über Dächer und die Gassen bewegten. Unser Bild zeigt den "Treffpunkt der Katzen", *eine Lithografie des französischen Künstlers Edouard Manet.*

eine Sozialstruktur und Rudelhierarchie, die durch Aggressionsverhalten aufgebaut und aufrechterhalten wird. Im Gegensatz hierzu stammen die Vorfahren der Katze aus den Wäldern, hier war eine stille Jagd von einzelnen Tieren durch einzelne Tiere wesentlich erfolgreicher. Soziale Verbindungen sind für die Jagd der Katze ohne Bedeutung, aber für das Sozialverhalten sehr wichtig. Und hier ist Zuneigung die angemessenere Kontaktform, nicht die Aggression.

Ironischerweise, was Generationen der Menschen als loyale Zuneigung des Hundes dem Menschen gegenüber interpretiert haben, bedeutet in erster Linie Unterwerfung gegenüber dem Rudelführer. Wenn eine Katze - solange als »falsch« verunglimpft - Liebe zeigt, dann ist sie einfach freundlich. Beide Tiere handeln entsprechend ihrer biologischen Bestimmung, passen aber beide sehr gut in unsere Welt.

Späte Rehabilitierung

Trotz der aufgeklärten Haltung Einzelner ab dem achtzehnten Jahrhundert war das Mißverstehen der wahren Natur der Katze ungebrochen. Noch über lange Zeit lag der Anteil der verwilderten Katzen gegenüber den Hauskatzen wesentlich höher als heute. Die Expansion der Städte, die Entwicklung von Trabantenstädten in den viktorianischen Zeiten führte zu einem Anstieg der verwilderten Katzenpopulation, da sich dadurch auch die Nahrungsquellen vervielfachten. Mit der Abhaltung der ersten englischen Katzenausstellung im Jahre 1871 versuchte Harrison Weir, die Haltung der Öffentlichkeit gegenüber der Katze zu verändern. Damit ebnete er der Katze den Weg für ihr Willkommensein im zwanzigsten Jahrhundert in allen unseren Wohnungen gemeinsam mit dem Hund.

Die wilde Seite der Katze

Katzen auf Ziegeldächern im Süden Spaniens.

Gemeinsam mit einer kleinen Katze hält der Steinlöwe am Eingang des großen Hafens - dem Arsenale - in Venedig Wache.

4 Sozialsystem des Überlebens

Die Katzen von Venedig

Rund um die Erde gibt es eine Reihe von Plätzen, die mit Katzen besonders verbunden sind - Venedig ist eine dieser Städte. Von dem mit Schwingen ausgestatteten Löwen, dem Symbol des Stadtheiligen St. Markus, bis zu den streunenden Katzen, die den grünen Wasserstraßen entlang spazierengehen, im Schatten langsam verfallender Palazzos dösen, haben alle Katzen Venedigs ihre eigenen Liebhaber. Viele der heute so eleganten Gebäude dienten in früherer Zeit als Getreidelagerhäuser. Eine Mischung von Reis, Weizen und Wasser sind für Ratten und Mäuse geradezu das perfekte Angebot. Aus diesem Grunde wurden die Katzen hier nicht nur geliebt - man brauchte sie dringend!

Vor den Toren des riesigen Hafens von Venedig - dem Arsenale - stehen Löwenstatuen, hier von alten Küstenorten rings um das Mittelmeer zusammengetragen. Einer dieser Löwen wurde im siebzehnten Jahrhundert von dem berühmten Admiral und Dogen Francesco Morosini nach Venedig geschickt - er selbst fuhr nie ohne seine Lieblingskatze zur See. Morosini war hierbei keine Ausnahme. Dies bestätigen die Beobachtungen von John Locke, einem englischen Seemann, der 1553 auf einem venezianischen Schiff angeheuert hatte, das sich auf dem Weg ins Heilige Land befand. Dabei fiel plötzlich die Schiffskatze über Bord.

Die Schiffskatze ... hielt sich recht wacker auf dem Wasser, das wußte ihr Herr. Deshalb wurde das Skiffe (Rettungsboot) mit einem halben Dutzend Männer zu Wasser gelassen, um die Katze wieder aufzufischen. Sie befand sich bereits eine halbe

Wo immer Menschen und streunende Katzen zusammenkommen, findet sich immer eine Hand, um die Katzen zu füttern. Don Fusaro in seinem Priestergewand und Barett ist eine vertraute Gestalt, wenn er seine geliebten Katzen auf den Plätzen von Venedig betreut.

Meile vom Schiff entfernt. Ich kann mir schwerlich vorstellen, daß sie so viele Umstände machen würden, wenn einer von der Besatzung sich in ähnlicher Gefahr befände. Dies habe ich nur erwähnt, um die hohe Wertschätzung der Katzen bei den Italienern hervorzuheben. Sie lieben ihre Katzen wie wir in England einen guten Spaniel schätzen.

Venedig pflegte gute Handelsverbindungen mit Konstantinopel, deshalb ist es recht wahrscheinlich, daß die Langhaar Katzen über venezianische Schiffe aus der Türkei nach Europa kamen. Die schon lange währende Liebe der Venezianer zu ihren Katzen wird am besten durch die Erzählung von Nini, dem Frari-Kater dokumentiert. Im neunzehnten Jahrhundert bewohnte ein großer, weißer Kater namens Nini über eine Reihe von Jahren den Frari Platz. Regelmäßig strolchte er von dem kleinen Café, wo er gefüttert wurde, zu dem venezianischen Staatsarchiv und dann zur Frari Kirche. Dadurch entstand die feste Vorstellung, Kater Nini sei eine besonders würdige Katze, schon aufgrund der Zeit, die er in der Kirche zubrachte. Auch pflegte er mitten zwischen den Manuskripten im Staatsarchiv zu schlafen. Von den Katzenliebhabern, die sich im Café in des Katers Gästebuch eintrugen, seien der Zar von Rußland, der Kaiser von Äthiopien, der Papst und der Komponist Verdi erwähnt. Verdi schrieb nicht nur seinen Namen, sondern setzte ein paar Takte seiner Oper *La Traviata* hinzu. Selbst heute bedarf es nur weniger Schritte aus dem quirlenden Tohuwabohu des Markusplatzes in den Frieden der nahe gelegenen öffentlichen Gärten - schon befindest Du Dich in dem Privatrevier von etwa fünfundzwanzig Katzen. Trotz ihrer Nähe zu den Kanälen bieten diese Gärten den streunenden Katzen eine sichere Zuflucht, regelmäßig werden sie von freundlichen Besuchern gefüttert. Wo immer sie sich auch befindet, immer nutzt die Katze optimal alle verfügbaren Nahrungsquellen.

Füttern streunender Katzen

In den Städten suchen streunende Katzen ihre Nahrung in den Abfallkübeln, aber auch freundliche Menschen geben ihnen

Ringsum in der ganzen Welt werden streunende Katzen gefüttert. In aller Regel erhalten die Tiere das Gleiche, was ihre Betreuer auch ihren Hauskatzen geben. Diese Katzen in Thailand leben von Reismahlzeiten.

Futter. In den Stadtzentren wie etwa Zentral-London sind dies meist Frauen, die eine wechselseitige Beziehung zu Gruppen streunender Katzen aufbauen. Der Tierliebhaber trifft auf Katzen, die seiner Meinung nach Futter brauchen, die Katzen konzentrieren sich auf eine zuverlässige Futterquelle. Dies geschieht tagtäglich quer durch die ganze Welt. In den Basars von Kairo und Istanbul, zwischen den Gebäuden und im Schatten der Moscheen trifft man immer wieder auf Männer, die Katzen mit rohem Fleisch oder aus Büchsen füttern. In

Athen bekommen sie oft Tischreste, während in Bangkok die Ernährung streunender Katzen meist durch Reisnahrung erfolgt. In England und Amerika werden sie meist mit Katzenfutter aus Büchsen versorgt, jede Gesellschaft bietet den verwilderten Katzen das Gleiche wie den eigenen Hauskatzen.

Territorialgebiete

Als *feral - verwildert* - wird ein Tier bezeichnet, das ursprünglich domestiziert war, aber wieder in das Wildstadium zurückkehrte - besser ausgedrückt, vom häuslichen wieder zum freilebenden Tier wurde. In vielen Städten wie etwa London halten sich die Hauskatzen im Bereich der Privatgärten auf, verwilderte Katzen trifft man vorwiegend in den Lücken um Gebäude wie etwa Krankenhäuser, Fabriken und in den Parks im Zentrum von Wohngebieten. Mitte der siebziger Jahre unseres Jahrhunderts begann ich eine Langzeitstudie über verwilderte Katzen im Zentrum von London, war damit einer von höchstens einer Handvoll Wissenschaftlern in der ganzen Welt, die das Verhalten freilebender Katzen beobachteten. In England forschten David Macdonald und Peter Apps gemeinsam an Katzen in der Landwirtschaft, während Jane Dards sich auf Katzen in den Docks konzentrierte. Dabei entdeckten wir alle ein bestimmtes Verhaltensmuster der Katzen, das seither von Forschern in anderen Ländern weitgehend bestätigt wurde. Aus diesen Studien ergibt sich klar, daß die Katzenpopulation stets höher liegt, wenn reichlich Nahrung angeboten wird. Da die städtische Straßenkatze viel mehr Nahrung findet als ihre Artgenossen auf dem Lande und in Bauernhöfen, ist in den Städten die Katzendichte höher, sind ihre Territorialgebiete kleiner.

Dabei ist das Territorialgebiet eines Katers etwa zehnmal so groß wie das einer Katze - als *Queen* bekannt. Das Territorialgebiet einer *Queen* wird durch die Futtermenge bestimmt, die

Trotz ihrer Geschicklichkeit bei der Jagd durchstöbert die Katze auch alle Abfälle. Für durch die Stadt streunende Katzen bieten Abfälle häufig die einzige Chance zum Überleben.

sie braucht, und wie weit die Futterquellen auseinander liegen. Das Territorialgebiet des Katers ist nicht deshalb zehnmal grösser als das einer *Queen*, weil er so viel Futter braucht, vielmehr aus Gründen der Sozialordnung. Sein Gebiet überdeckt eine ganze Anzahl von Territorialgebieten weiblicher Katzen.

Gibt es regelmäßige Futterstellen, werden eine ganze Anzahl von Katzen diese nutzen. Ihre Territorien überlappen sich, es kommt rings um gute Futterstellen zu einer Konzentration. Wer oft im Mittelmeerraum reist, weiß, daß eine ganze Anzahl von unabhängig lebenden Katzen rund um den Tisch warten. In vielen Teilen der Welt beobachtet man auch zahlreiche Katzen, die im Abfall umhersuchen. Diese Katzen verbringen ihr Leben in einer eigenen Sozialstruktur. Das Gebiet ist ihr Zuhause, es beherbergt die eigene Familie und andere Katzen ihrer Gruppe, mit denen sie harmonisch zusammenleben. Am Fitzroy Square, einem Bereich in der Innenstadt Londons, habe ich über mehrere Jahre beobachtet, wie liebevoll positiv sich die Katzen untereinander verhielten; die einzige echte Aggression zeigten sie gegenüber Außenseiterkatzen.

Werden verwilderte Katzen zu regelmäßigen Zeiten gefüttert, warten sie schon auf die Ankunft des Futters. Sie bauen engen Kontakt auf, beteiligen sich am mannigfaltigen sozialen Geschehen. Das Fressen am Fitzroy Square dauerte meist etwa dreiviertel Stunde, wobei das richtig gierige Fressen sich meist nur über fünfzehn Minuten erstreckte. Dabei begrüßten sich die Katzen gegenseitig und ebenso den Futterspender, sie zeigten mit erhobenem Schwanz Grußverhalten, rieben sich gegenseitig an Köpfen und Schultern oder auch an eisernen Gittern.

Da die Gebiete der Kater größer sind, leben die einzelnen Katzengruppen isoliert um ihre Hauptfutterquellen, während die Kater zwischen den Gruppen eine Pufferzone bilden. Dies stärkt die Sicherheit streunender Kater, minimalisiert das Risiko, daß Infektionen kleiner Katzen sich ausbreiten. Die soziale Stabilität der weiblichen Gruppenmitglieder, die in der Regel untereinander verwandt sind, erkennt man an ihrem kooperativen Verhalten, insbesondere aber auch daran, daß sie gegenseitig die kleinen Kätzchen säugen. Die sozialen Vorteile solchen Verhaltens würden ins Gegenteil umschlagen, wenn es innerhalb der Gruppe zu verstärkter Inzucht käme. Glück-

Rund um das Mittelmeer versammeln sich verwilderte Katzen an vertrauten Futterstellen wie Cafés und Tavernen, beispielsweise hier in der Türkei. Die Erfahrung hat sie gelehrt, daß, wenn sie das Interesse eines sympathischen Gastes oder Kellners erregen, ihnen ein oder zwei Futterbrocken zugeworfen werden.

AYDAN TURİZM
toerkoop
holland
TR

Sozialverhalten von Katzengruppen.
Unten: *Aggression wird in der Regel nur gegenüber Außenseitern gezeigt, kaum je gegenüber Mitgliedern der eigenen Gruppe.*

Visavis: *Im Katzenspiel innerhalb der Gruppe werden häufig Scheinangriffe getätigt und Verteidigungsverhalten eingenommen, insbesondere unter Hauskatzen.*

Unten: *Gegenseitiges Putzen festigt die Bindung zwischen Mitgliedern der gleichen Katzenfamilie oder Gruppe.*

licherweise paaren sich Kater immer wieder auch mit den Katzen der im Nachbargebiet angesiedelten Gruppen.

In Nepal wurde in den 1970er Jahren ein Forschungsprojekt begonnen, wobei man einigen umherstreifenden Tigern Peilsender anlegte. Diese Versuche zeigten, daß im Territorialverhalten die großen Waldkatzen sich genauso verhalten wie unsere Hauskatze. Männliche Tiger brauchen ein großes Territorialgebiet, überlappen dabei eine ganze Anzahl kleinerer weiblicher Territorialgebiete. Ein Unterschied besteht aber darin, daß es in den Territorialgebieten der Tigerinnen keinen gemeinsamen Bereich gibt. Danach wurde in den 1980er Jahren bei den europäischen Wildkatzen im Nordosten Frankreichs eine gleiche Studie mit Peilsendern durchgeführt. Die Ergebnisse erbrachten die gleichen Territorialgebiete wie bei den Tigern. Wenn die Wildkatze der ausschlaggebende Vorfahre der heutigen Hauskatze ist, warum ist ihr Territorialmuster nur ähnlich, nicht aber identisch? Welche Veränderungen erfolgten um die Zeit der Domestikation? Gar keine!

Verwilderte Hauskatzen, die in Gebieten leben, wo sie nicht von den Abfällen der Menschen profitieren, wo Nahrung rar ist, haben große Territorien. Bei ihnen gibt es auch keine Überschneidungen der Einzelgebiete. Auf den Galapagos Inseln im Pazifischen Ozean (siehe Seite 89) und auf Heisker, einer unbewohnten Insel der äußeren Hebriden, überlappen sich die Territorien der *Queens* kaum. Wo verwilderte Hauskatzen über weite Strecken für ihre eigene Nahrung jagen müssen, ist das Muster der Territorialgebiete genauso wie bei den Wildkatzen. Gibt es aber eine wichtige Futterquelle, beispielsweise eine Vogelkolonie, überlappen sich die Gebiete wieder stärker. So überschneiden sich die Territorialgebiete verwilderter Hauskatzen auf der Hebrideninsel North Uist beispielsweise rund um Kaninchenbauten, wo sie gemeinsam auf Beute unterwegs sind.

Demnach haben verwilderte Hauskatzen das gleiche Territorialmuster wie echte Wildkatzen, die Territorien der weiblichen Katzen überschneiden sich nicht, wenn es wenig Futter gibt, dies über weite Bereiche verteilt vorkommt. Wo immer aber verwilderte Katzen eine üppige Futterquelle ausnutzen können, überlappen sich ihre Reviere, nutzen sie die sozialen Vorteile, die damit verbunden sind.

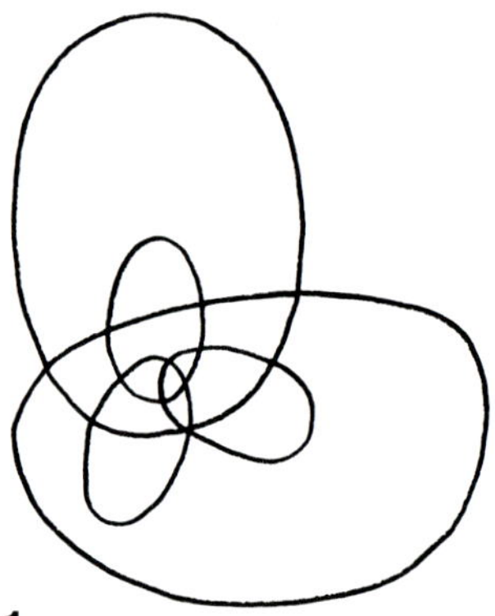

1

2

3

Mit dem Menschen lebende Katzen

Die Bevölkerungsexplosion bei den Menschen im letzten Jahrhundert löste eine parallele Entwicklung bei den Katzen aus. In großen Teilen von Europa, England und Nordamerika wurden die Katzen zu »Schoßkatzen« - sowohl in den Vorstädten wie auch in den vornehmen Wohngebieten. Diese Entwicklung erstreckt sich aber nicht auf alle Teile der Welt.

So leben beispielsweise Katzen in den Städten der spanischen Pyrenäen nicht in erster Linie als Hauskatzen, obwohl die Haustüren durch Katzenschlupflöcher den Katzen freien Zutritt erlauben. Hier sind unsere Katzen als Nagerbekämpfer von unschätzbarem Wert. Sie führen ein halb verwildertes, halb bäuerliches Katzenleben, leben rings um das Haus. Eine gleiche Situation finden wir von den hügelig gelegenen Dörfern der Türkei bis in das hinterste Dschungelgebiet von Nepal. Überall machen sich Katzen an der Seite des Menschen nützlich, ohne dabei verwöhnt zu werden.

Die Hauskatze in den Vorstädten

Visavis:
Die Territorialgebiete der Katzen: die größeren Kreise dieser Zeichnungen zeigen die Gebiete der Kater, die kleinen die der weiblichen Tiere.
1. Ineinander übergehende Territorialgebiete von verwilderten Katzen, wo eine reiche Futterquelle gemeinsam genutzt wird.
2. Normale Territorialgebiete der Tiger und Wildkatzen. Dieses Muster gilt auch für verwilderte Katzen, wenn das Futtervorkommen weit verteilt und knapp ist.
3. Die Territorialgebiete von Hauskatzen.

Hast Du eine weibliche Katze, kannst Du beobachten, daß sich ihr ureigenes Territorialgebiet in aller Regel mit dem eigenen Garten und wenig darüber hinaus deckt. Aber genau wie bei verwilderten Katzen - hast Du einen Kater, beansprucht er ein größeres Territorialgebiet - ungefähr zehnmal größer als das einer weiblichen Katze. Wurde er kastriert, ist es in der Regel etwas kleiner. Gut gefütterte Hauskatzen beanspruchen in den Vorstädten etwas kleinere Gebiete als verwilderte Katzen. Dieses Schema von Territorialgebieten unserer Hauskatze ist so zu verstehen, daß Deine Katze sich auf vielerlei Art so auf Dich einstellt, wie auf eine zweite Katze - Du und Deine Familie seid Mitglieder der gleichen Gruppe.

Für Deine Kätzin bedeutet das Hausinnere das Gleiche wie bei der verwilderten Katze, nämlich den inneren Gruppenbereich. Da die Katze Dich und Deine Familie als Gruppenmitglieder ansieht, bewirkt Deine Gartennutzung beim Mähen oder Wäscheaufhängen eine Absteckung des äußeren Bereichs. Wenn Du den eigenen Garten wenig ausnutzt, verhält sich die

OBEN: *»Kinnreiben« hinterläßt einen Duft, der von Drüsen unter dem Kinn erzeugt wird. Damit steckt die Katze ihr Territorium ab, hinterläßt Signale für andere Katzen.* VISAVIS: *Lieblingsschlafplätze sind Schlüsselmerkmale der Rangordnung einer Katze. Einige haben warme, sonnige Stellen, andere kühlere.*

Katze ebenso. Ihren ganzen Bereich, bestehend aus einzelnen Pfaden und Schlafplätzen in Sonne und Schatten, markiert die Katze durch ihren Geruch. Katzen haben im Kinnbereich, am Kopf und entlang dem Rücken Geruchsdrüsen. Sie hinterlassen ihre Witterung an Gegenständen durch Schubbern und Reiben. Natürlich untersuchen sie auch genau die Gerüche, die andere Katzen hinterlassen. Indem Katzen sich an uns reiben, übertragen sie ihre geruchliche Gruppenidentität auf uns.

Besitzt Du einen Kater, identifiziert sich dieser mit der Familie als seiner Hauptgruppe und Futterquelle. Sein Territorialgebiet ist aber auf das der örtlichen *Queens* ausgerichtet.

Wurde er nicht kastriert, wird er zusätzlich zur üblichen Geruchsmarkierung im gesamten Gebiet Urin absetzen. Meist erkennt man dies an einem sehr deutlichen und durchdringenden Uringeruch. Schon das wäre genügend Motivation, welche die Katzenbesitzer veranlaßt, diese in aller Regel kastrieren zu lassen. Hinzu kommt aber auch das Wissen um die soziale Verantwortung, daß keine unerwünschten Kätzchen geboren werden.

Kommunikation zwischen Katzen und Menschen

Unsere Katzen reagieren auf uns als wären wir gleichfalls Katzen. Den Großteil ihrer Kommunikation mit uns kann man sich als Verlängerung jugendlichen Verhaltens vorstellen - das gilt auch für unser Spielen mit ihnen. Aber nicht alle Beziehungen zwischen Katzen und Menschen können aus diesem Blickwinkel verstanden werden. Wenn Deine Katze beim Gestreicheltwerden mit den Pfoten gegen Deinen Pullover tritt, ist dies ein Bestandteil des Repertoires der kleinen Kätzchen. Dein Streicheln erinnert sie an die Zunge der Mutter. Durch Treten gegen die mütterlichen Flanken stimulierte das Kätzchen den Fluß der Milch. Wenn Dir Deine Katze begegnet und Du sie wiederholt streichelst, mit der Hand über ihren Rücken fährst, erhebt sie grüßend den Schwanz, schubbert sich ringsum an Dir - genauso wie bei einem anderen Mitglied einer Katzengruppe. Wenn Du Deine Katze mit der Hand rückenabwärts streichelst, hebt sie den Körper an, stellt sich in eine Position wie zur Paarung - als *lordose* (konvexe Verbiegung der Wirbelsäule nach vorn) bekannt. Beim zwischenmenschlichen Kontakt ist das Streicheln normalerweise auf das Liebesspiel vor der Paarung beschränkt. Streicheln wir deshalb eine Katze, wird unser Tun wie die Antwort der Katze völlig verschieden verstanden. In Wirklichkeit ist es so, daß wir gerade unsere Zuneigung nur in den Begrenzungen übertragen können, die uns nun einmal in der Kommunikation miteinander auferlegt sind.

Deshalb sieht uns die Katze als Mitglied ihrer eigenen Gesellschaft auf verschiedenen Ebenen: als junges Kätzchen (wie oben ausgeführt); als Mutter/Versorger; aber auch als mögli-

Unsere Katzen sehen uns als Mitglieder ihrer eigenen Gemeinschaft, zuweilen ist deshalb die Verständigung verwirrend. Unser Streicheln weckt Erinnerungen sowohl an die Kindheit der Katze wie auch an das Sexualverhalten ausgewachsener Katzen. Da wir Menschen soviel größer sind als unsere Katzen, schaffen unsere Körperkontakte »übernormale« Stimuli.

chen Sexualpartner. Da wir aber um so vieles größer sind, übermitteln wir der Katze durch den menschlichen Körperkontakt mehr Wärme als sie im Kontakt mit Artgenossen empfängt. Natürlich wird auch ein größerer Bereich ihres Körpers durch das Streicheln mit der menschlichen Hand abgedeckt als durch das Lecken einer anderen Katze. Tatsächlich übermitteln wir Menschen der Katze *supernormale Stimuli.* Für unsere Katze sind wir deshalb eine Art Superkatze - kein Wunder, daß sie sich von uns stark angezogen fühlt.

Apportieren der Beute

Warum trägt unsere Katze uns ihre Beute zu? Warum frißt sie nicht einfach, was sie gefangen hat? Die Katze bringt ihre Beute immer in den Mittelpunkt ihres Territoriums zurück - unter verwilderten Katzen ist dies mit der Botschaft verbunden, daß dies ein guter Platz ist, um zu verweilen.

In unserem häuslichen Mittelpunkt müssen wir der Katze wie unerfahrene kleine Kätzchen erscheinen, denen man die Feinheiten, Beute zu fangen und zu töten, noch erst beibringen muß. Eine Katzenmutter bringt ihren kleinen Kätzchen zunächst tote Beute, dann verstümmelte Tiere und schließlich lebende. Die Beute wird vorgelegt. Im eigentlichen Sinne präsentiert die Katze ihre Beute nicht, sie handelt vielmehr wie ein Wettbewerber, ermutigt die kleinen Kätzchen, sich an der Jagd zu beteiligen.

Meine eigenen zwei Katzen zeigen beispielhaft, wie sich das Präsentieren der Beute entsprechend der Jagderfahrung der einzelnen Mitglieder innerhalb der zusammengehörigen sozialen Gruppe über einen bestimmten Zeitraum immer wieder verbessert. Leroy, tabbyfarben mit weiß, war, als er zu mir kam, ein junger städtischer Straßenstreuner. Über das erste Jahr bei mir brachte er über 150 mal Beute angeschleppt, darunter - für eine Katze recht ungewöhnlich - 80 Frösche. Tabitha wiederum kam zu mir als ganz junges Kätzchen, hatte keine Mutter, die ihr richtiges Jagdverhalten beibrachte. Über das erste Jahr fing sie nur ein paar Schmetterlinge, Spinnen und Bienen. Leroy hatte häufig nahe Tabitha mit einer Beute gespielt, bis sie in

Unter normalen Umständen lehrt eine Katze ihre Nachkommen durch ihr Vorbild wie man Beute fängt. Wurde aber ein Kätzchen von der Mutter getrennt, ehe diese wichtigen Beutefangaktivitäten stattgefunden haben, kann die junge Katze dies später noch durch Beobachten einer anderen, erfahrenen Katze lernen.

einem unbewachten Augenblick zupackte. Dann wurde sie eine Art wildgewordener Todesengel - eine *banshee* - grollte gegen jedermann, der ihr gegenüber dasselbe versuchte. Das Beobachten des Verhaltens von Leroy hatte sie nach und nach gelehrt, kleine Säugetiere und Vögel zu fressen, sie selbst zu fangen und zu töten.

Wenn Katzen Beute ins Haus schleppen, ist uns dies häufig unangenehm. Aber bei seltenen Gelegenheiten hat sich diese Gewohnheit für den Katzenbesitzer als lebensrettend erwiesen. Etwa 1480 wurde durch König Richard III ein Adeliger namens Sir Henry Wyat gefangen genommen und in einen tiefen Kerker geworfen, wo er verhungern sollte. Eine Katze fand

ihren Weg ins Verlies. Henry Wyat freundete sich mit ihr an, sie bezog hier ihren festen Wohnsitz. Von Zeit zu Zeit brachte die Katze eine Taube nach Hause, die Henry Wyat von seinem Wärter kochen ließ. Auf diese Art blieb er am Leben, bis er nach dem Tod seines königlichen Feindes wieder in die Freiheit entlassen wurde.

Was Katzen fangen

Der Lehrer Peter Churcher hat in einer Studie in jüngerer Zeit alle seine Nachbarn in den 173 Haushalten des englischen Dorfes Felmersham gebeten, alle Beute, die ihre Katzen nach Hause brachten, einzusammeln. Über ein Jahr erhielt er von den siebzig Katzen im Dorf über 1000 Beutetiere. Ein amerikanischer Professor sah sich diese Zahlen näher an. Auf dieser Grundlage arbeitete er aus, daß die Katzenbevölkerung Englands Jahr für Jahr etwa 100 Millionen Vögel und kleine Säugetiere tötet! In einem Artikel in der *Times* wurde behauptet, daß die in Freiheit lebenden Tiere Englands nie zuvor einer so tödlichen Gefahr ausgesetzt gewesen seien.

Der hypnotisierende Effekt großer Zahlen scheint Menschen für dumm zu verkaufen. Es ist überhaupt nicht wirklichkeitsnah, einfach die Fänge dieser ländlichen Katzen mit der gesamten Katzenpopulation Englands zu multiplizieren. Die meisten Katzen in England sind städtische Katzen mit kleinen Revieren, sie fangen viel weniger Beute als die ländlichen Katzen in dieser Erhebung. Die Schlüsselfrage lautet deshalb - sind diese Beutezahlen wirklich für unsere Natur erträglich? Mir erscheint die Antwort ein klares Ja!

Englische Katzen fangen wesentlich mehr Mäuse und Nager als Vögel. Trotz Befürchtungen einiger Tierfreunde verhindert die Größe des Landes, daß die Katzen ernsthaft in die Vogelpopulation eingreifen. Leider ist die Geschichte aber auf kleinen Inseln anders zu sehen.

Während Jahr um Jahr ein Viertel der Haussperlinge in Felmersham von den Katzen gefressen werden, hat sich nach jeder Brutzeit die Spatzenbevölkerung verdoppelt. Den Winter über füttern heute sehr viele Haushalte die Gartenvögel. Nistkästen, Gartenbäume und Ausbauten bieten Platz für zusätzliche Nistmöglichkeiten. Durch diese Maßnahmen liegt die Vogelpopulation in Dörfern und Städten wesentlich über dem normalen Niveau. Selbst wenn es in Neubaugebieten eine Menge Katzen gibt, sind auch eine ganze Menge verschiedenartiger

LINKS: *Die Schiffskatze von Kapitän Scott's Expedition zum Südpol im Jahre 1912, ruhte behaglich in ihrer Hängematte. Bedauerlicherweise wurde sie während eines Sturms über Bord gerissen und nie wieder gesehen.*

Vögel vorhanden. Die Untersuchung ergab tatsächlich, auch wenn die Katze ein beachtlicher Beutegreifer ist, sie in keiner Weise die englische Vogelbevölkerung vernichtet. Die gleiche Aussage kann man leider nicht überall für alle Vögel machen. Auf dem Kontinent haben Katzen für die Gesamtvogelpopulation nur sehr selten schädliche Auswirkungen, auf kleinen Inseln können sie sich aber ganz verheerend auswirken.

Alte Seekatzen

Da die Katze so anpassungsfähig ist, überrascht es sicherlich niemanden, daß sie sich in den meisten Ecken unseres Globus angesiedelt hat. Über die Jahrhunderte, nach ihrem ersten Auftreten im alten Ägypten, führte der Wunsch, Handel zu treiben und neue Länder zu erforschen, die Menschheit durch die ganze Welt. Die Nager fangende Katze reiste als hochgeschätztes Mitglied der Schiffsmannschaft mit, blieb häufig in den angelaufenen Häfen und begründete neue Katzenkolonien.

Kapitän James Cook, der hochangesehene Weltenumsegler des achtzehnten Jahrhunderts, berichtete in seinen Tagebü-

VISAVIS: *Die verwilderten Nachkommen der Katzen, die auf den früheren subantarktischen Wal- und Seehundfangstationen ausgesetzt wurden, haben bis zum heutigen Tage überlebt. Diese Katze lebt auf Marion Island.*

chern, daß diese Neuheit aus dem tierischen Königreich viele erstmals mit den Katzen vertraut gemacht hat. »Auf der pazifischen Insel Tonga waren die Einwohner von unseren Katzen recht begeistert, sie stahlen sie. Zwei oder drei dieser Diebe wurden mehr als einmal deshalb an Bord der *Discovery* ausgepeitscht.« Aus Tahiti berichtete er über Katzen von einem spanischen Schiff, das 1774, also drei Jahre zuvor, angelaufen war, »daß die Katzen bereits verwildert waren, sich in die Berge zurückzogen hatten.«

Edward Wilson gehörte zu jenen Forschern, die auf der unglücklichen Reise von Kapitän Scott zum Südpol umkamen. Der Schiffskater war der erste seiner Art, der in der Antarktis landete und überwinterte. Dem Tagebuch von Wilson entnehmen wir die liebevolle Zuneigung, welche die ganze Mannschaft ihrem Gefährten entgegenbrachte: »Er hat seine eigene Hängematte bei den Seeleuten unter dem Vorschiff. Eine echte Matrosenhängematte mit kleinen Decken und einem hübschen Kissen darauf, darüber Decken zum Zudecken. Er hat gelernt, in diese Hängematte zu springen und unter die Decken zu kriechen, mit seinem Kopf auf dem kleinen Kissen.«

Katzenkolonien in der Sub-Antarktis

Katzen, die auf den Schiffen mitfuhren, kamen so auf zahllose Inseln rund um die Welt. Manchmal brachte man sie zur Bekämpfung von Nagern mit, meist war es aber reiner Zufall. In den Tagen vor den großen Fischfangschiffen dienten die Inseln in der Sub-Antarktis als Basen für Walfang und Seehundjagd. Katzen waren häufig die Mitbewohner dieser Niederlassungen, die aber meist nicht ganzjährig benutzt wurden. Aber selbst unter diesen harten Klimabedingungen gediehen die Nachkommen der Wildkatze. Auf einigen Inseln fraßen sie Pinguine, wenn diese auch meist schon tot gefunden und von ihnen aufgefressen wurden. Ihre gewöhnliche Beute bestand aus ebenfalls eingeführten Kaninchen oder Ratten.

Eine nur mit dem Hubschrauber mögliche Zählung der Katzen auf Courbet, einer der winzigen Kerguelen Inseln im südlichen Indischen Ozean, ergab sechsunddreißig Katzen, sie alle waren rein schwarz oder schwarzweiß. Nur eine einzige

Katze war tabbyfarben, streunte rings um die Station. Diese Ähnlichkeit in der Färbung demonstriert den sogenannten *founder effect* in einer Population, die aus einer kleinen Anzahl isoliert ausgesetzter Katzen entsteht. Im Gegensatz hierzu ist die viel größere Insel Tasmanien stolz auf eine breite Farbskala innerhalb ihrer verwilderten Katzenpopulation.

Die Gefahren für die Insel Vögel

Auf den Inseln lebende Katzen erbeuten im Verhältnis sehr viel mehr Vögel als auf den Kontinenten. Besonders schwer lastet der Blutzoll auf den Vogelarten, die vorwiegend am Boden leben. Auf den Inseln der Sub-Antarktis sind die Sturmtauchervögel besonders gefährdet, bieten der Katze reiche Beute. Diese Vögel sind nur zwanzig Zentimeter lang, legen ihr einziges Ei in leicht zugängliche Höhlen auf weiche Erde. Hinzu kommt, daß ihre Fortpflanzungs- und Schlüpfperioden ungewöhnlich lange dauern.

Auf einer Insel lebte Ende des neunzehnten Jahrhunderts eine einzige Katze, sie war ursächlich für die Ausrottung einer ganzen Vogelspezies. Zufälligerweise war dies der einzige, sich an erhöhter Stelle niederlassende Vogel, der nicht fliegen konnte, den man je angetroffen hat. Stephens Island in Neuseeland, eine Insel von nur gerade einer Quadratmeile, war die Heimat des *Stephens Island Wren*, den man nirgendwo anders auf der Erde gefunden hat.

Dieser Vogel wurde von der Katze des Leuchtturmwärters entdeckt und ausgerottet, sie brachte ihre Fänge nach Hause. Der Leuchtturmwärter kannte den Vogel nicht, gab aber einem Ornithologen die Körper. Aber noch ehe die Bedeutung dieses kleinen Zaunkönigs erkannt wurde, hatte sich die Katze ihren eigenen Weg durch die kleine Vogelpopulation geschlagen. Diese Vögel hatten keine Chance. Nicht nur, daß sie nicht fliegen konnten, zudem waren es auch Nachttiere wie die Katze. Die *Canterbury Press* von Neuseeland berichtete 1895: »Wahrscheinlich ist dies eine Rekordleistung beim Ausrotten einer ganzen Art. Die englische Wissenschaft hat gleichzeitig von ihrer Entdeckung wie auch von ihrer Ausrottung erfahren.« Heute sind alles, was an diese Spezies erinnert, ein paar Vogelreste, die der Katze weggenommen wurden.

Katzen auf den Galapagos Inseln

Am anderen Ende des Klimaspektrums, von den Sub-Antarktischen Inseln zu den äquatorialen Galapagos Inseln im Pazifik, finden wir eine unglaubliche Demonstration der Fähigkeiten der Katze im Überlebenskampf. Das Fehlen von frischem Trinkwasser auf diesen Inseln wäre für die Katze tödlich, aber dem Austrocknen entgeht sie durch den Fang von Heuschrekken, die für ihre Größe genügend Flüssigkeit enthalten. Und die Katzen der Galapagos Inseln finden über die starke Mittagshitze in Felsspalten Schutz. Man weiß, daß Katzen sich nur auf fünf der vierzehn Hauptinseln ansiedelten, aber vier dieser Inseln sind auch die größten.

Die Galapagos Inseln nehmen eine nicht alltägliche Stellung als Heimat schwimmender Reptilien ein, besitzen außerdem eine ganze Anzahl eingeführter verwilderter Tiere. Neben den Katzen treffen wir auf Ziegen, Schweine, Rinder und Hunde, sie alle haben auf die eingeborenen Tierarten schädigende Auswirkungen.

Zu den besonders seltenen Reptilien gehört der marine Leguan, die einzige marine Eidechse die es gibt. Unglücklicherweise sind junge und besonders gerade schlüpfende Leguane Hauptbeute der Katzen. Manchmal scheint sich die Natur mit den Katzen gegen das Überleben der Leguane zu verbünden. Zwei Hauptozeanströme treffen sich nahe den Galapagos Inseln. Und einmal in einem Jahrzehnt ersetzt die warme El Niño-Strömung die kalte Humboldt-Strömung, durch die wärmeren Temperaturen wird der Seetang dramatisch geschädigt, von dem sich die Seeleguane ernähren. Das Jahr 1963 brachte die schlimmsten Umweltbedingungen dieses Jahrhunderts. Auf den Inseln ohne Katzen wurde die Leguan-Population durch den Sturm geschädigt, auf den übrigen wirkte sich der zusätzliche Druck der Katzen auf die Jungtiere nahezu bis zur Ausrottung aus.

Teile dieser Inseln sind von vulkanischer Lava bedeckt. Diese ist so rasierklingenscharf, daß selbst verwilderte Hunde und Schildkröten sie nicht zu überqueren vermögen - die Katze

In Australien treffen wir auf Beutelkatzen. Diese Gattung hat sich ziemlich unabhängig von den plazentalen Säugetierkatzen in den übrigen Teilen der Welt entwickelt. Der Flecken-Beutelmarder (Dasyurus maculatus) *und andere eingeborene Beutelkatzen werden nach und nach immer weniger. Dies ist eine Folge des Konkurrenzkampfes gegen europäische Kurzhaarkatzen wie die gefleckte Tabby Katze und die Umstellungen in der Landwirtschaft.*

kann es. Dies macht die Katze zur Bedrohung des einzigartigen, nicht flugfähigen Kormorans der Galapagos Inseln. Normalerweise lebt er sonst außerhalb der Reichweite der verwilderten Haustiere. Dieser Vogel nistet nur in einem Gebiet, er fischt vorwiegend in einem kalten Kanal, wo er mit einem anderen bemerkenswerten Vogel konkurriert - dem einzigen Pinguin am Äquator. Die Stummelflügel dieses Kormorans bringen ihm unter Wasser Vorteile, an Land, wurden diese jedoch zum ausgeprägten Nachteil, nachdem die Katzen sich auf den Inseln ausgebreitet haben.

Katzen in Australien

Die erste von England kommende Flotte warf 1788 Anker, sie transportierte mehr Sträflinge als Siedler. So waren die ersten englischen Katzen an Land Schiffskatzen wie zum Beispiel Trim, der den Steuermann Matthew Flinders auf seinen Reisen zu Australiens Küste begleitete. Als dann Siedler mit Katzen

Eine robuste australische verwilderte Hauskatze. Gefleckte Tabby mit altmodischem Langhaar, das auch ohne Pflege des Menschen nicht verfilzt. Diese Katze hat sich an die Menschen durch Fütterung gewöhnt, sichert sich hier einen sicheren Aussichtsplatz auf nicht gebrauchten landwirtschaftlichen Maschinen nahe einigen alten Gebäuden und Eukalyptus-Bäumen.

ins Land kamen, brachten sie auch noch das Kaninchen mit. Bis zu den 1880er Jahren waren die Kaninchen zur Landplage geworden, tausende von Katzen wurden auf den landwirtschaftlichen Flächen ausgesetzt. Ein völlig fehlgeschlagener Versuch, die Kaninchen unter Kontrolle zu bringen.

Auf großen Kontinenten bedeuten Katzen in aller Regel keine Gefahr für den Bestand der Wildtiere, eine Ausnahme bildet Australien. Seine Isolation über fünfzig Millionen Jahre hat eine völlig eigene Fauna von Beuteltieren hervorgebracht. In den Buschbereichen wurden die eingeborenen Arten zum festen Bestandteil des Speiseplans der verwilderten Hauskatzen. Glücklicherweise blieb ihre Hauptbeute unverändert das gleichfalls eingeführte Kaninchen.

Auch sonst ist Australien gegenüber Europa und Amerika sehr verschieden, insbesondere mit seiner Fülle an kleinen Reptilien, welche den verwilderten Katzen zur leichten Beute werden. Die öffentliche Meinung Australiens über Katzen ist zutiefst gespalten. Vielfach werden sie als Bedrohung der einheimischen Tierwelt angesehen, dies führte im Staat Viktoria zu einem Ausgehverbot für Katzen.

Verblüffenderweise hat eine Prüfung der Worte für »Katze« in der Sprache der Ureinwohner zu der Vorstellung geführt, daß möglicherweise bereits vor den Europäern indonesische Schiffe Katzen nach Australien mitgebracht haben.

Der Sieger im Überlebenskampf

Die Katze mag ein vorzüglicher Jäger kleiner Säugetiere sein, sie ist aber auch ein erstaunlicher Abfallbeseitiger, immer bereit, alle möglichen Dinge zu verwerten. Ist Futter reichlich vorhanden, schrumpfen die Territorialgebiete, können mehr Katzen nebeneinander leben. Die Katzenpopulation paßt sich den jeweils verfügbaren Futterquellen an; dadurch ist das Tier für ein Gedeihen unter städtischen Verhältnissen besonders geeignet. Als die Katze sich deshalb in den sich neu entwickelnden Städten des alten Ägyptens ansiedelte, war ihr Überleben gesichert. Ihr Schicksal wurde es, in diesem Lande die populationsstärkste Katzenart zu werden, die je irgendwo in der Welt vorkam.

Die einzelnen Rassen

Wann ist eine Rasse keine Rasse? Diese Blue-cream *ist eine Varietät der Perser Langhaarkatze. Zu Beginn unseres Jahrhunderts sah man diese Farbe als einen unerwünschten Fehler, heute ist sie höchst begehrt. In Amerika schätzt man die Perser Langhaar Katze mit Farbflecken, diese werden in England abgelehnt. Es gibt keine Übereinstimmung weltweit, welche Anforderungen für eine bestimmte Rasse oder Varietät gelten - hier liegen vielmehr von den jeweiligen Zuchtvereinen eigene Klassifikationen vor. Wie wird also eine Rasse zur Rasse? In der Praxis sieht das so aus: wenn eine Zuchtorganisation einen Katzentyp als sich eindeutig zu unterscheiden gegenüber anderen ansieht, dann handelt es sich um eine Rasse. Es gibt dafür aber kein dauerhaftes biologisches Kriterium. Gerade einige der modernen Rassen werden nach ziemlich zweifelhaften oder gar trivialen Unterscheidungsmerkmalen bestimmt. Im Gegensatz hierzu gibt es die historischen Katzenrassen, entstanden durch geographische Trennung, beispielsweise Siamkatze, Korat und Angora. Bei diesen handelt es sich um unbestritten eindeutige, echte Katzenrassen.*

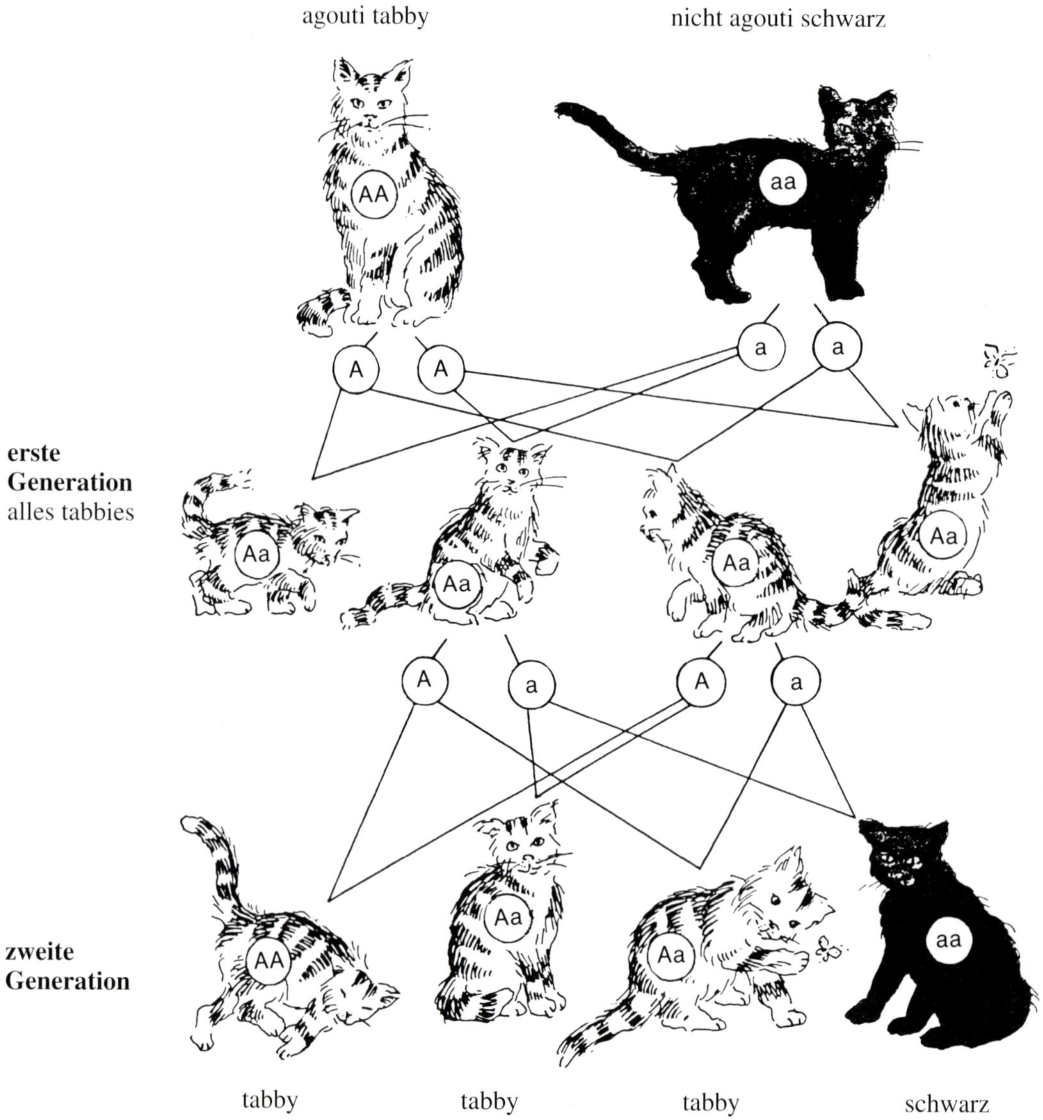

Wohin ist die schwarze Katze verschwunden? Dies alles wird durch dominante und rezessive Gene bestimmt (vgl. Text).

5 Die Original Tabby in all ihren Formen

Gene, Mutationen und der Geist der Tabby

Die Ursprungskatze ist in der Fellzeichnung eine tabby - in sich selbst keine Rasse - und alle Katzen würden heute noch genauso ein für die Wildkatze typisches, feingestromtes Fellmuster zeigen, wenn es keine Mutationen gäbe. Aufgrund von Horrorfilmen ist das Wort Mutation mit Ängsten beladen, hierfür gibt es überhaupt keinen Grund.

Gene bestimmen alle Eigenschaften der Katze - Augenfarbe, Fellfarbe, Körperlänge und so fort - alle Gene werden immer paarweise ererbt, ein Gen von jedem Elternteil. Diese Gene werden von Chromosomen getragen, wie Perlen auf einer Kette. Im Regelfall werden sie genau gedoppelt auf die Nachkommenschaft übertragen. In extrem seltenen Fällen jedoch folgt bei der Duplizierung eine kleine Abweichung, es entsteht ein mutiertes Gen, auch als mutantes Allel bezeichnet. Und dieses wird dann auf die folgenden Generationen übertragen. Derartige Mutationen können Verkrüppelungen auslösen, bewirken aber auch durchaus erwünschte Veränderungen. Die ganze breite Skala von Fellfarben und Fellängen bei unseren Hauskatzen - von der schwarzen Katze bis zur Angorakatze - entstand durch Mutationen.

Es gibt aber noch viel mehr Einflüsse der Genetik auf die Fellfarben der Katze, nicht alles ist beim Betrachten des Tieres auf den ersten Blick erkennbar. Man sollte wissen, daß bei der Tabby, deren Fell wildfarben ist (als agouti bekannt), die einzelnen Haare eine gelbe Bänderung aufweisen; in den schwarzen Bereichen des Fells der Tabby fehlt diese gelbe

Eine junge, wunderschön gezeichnete Agouti Katze in den Straßen von Bangkok reagiert auf die Begegnung mit einem Hund mit der klassischen Pose, einer Mischung zwischen Furcht und Aggression. Gekrümmter Rücken, gesträubtes Fell, versteifte Läufe geben ihr zusätzliche Größe. Hinzu kommt die Schrägstellung gegen den Feind, um damit den Eindruck von mehr Körpergröße zu erwecken.

Bänderung (non-agouti). Wenn sich Tabby-Katzen untereinander paaren, erhält man ausschließlich Tabby-Kätzchen. Beide Elterntiere besitzen identische Agouti Allele, die sie weitergeben. Das Gleiche gilt für schwarze Katzen, wenn sie nur schwarze Kätzchen zeugen. Beide Elterntiere haben das gleiche mutante Allel für Schwarz.

Wenn man jetzt solche Tabbys mit einer schwarzen Katze paart, erhält man wiederum nur tabbyfarbene Kätzchen. Was ist passiert? Ist das Schwarz verschwunden? Nein - denn wenn man diese Tabby-Kätzchen - erwachsen geworden - untereinander paart, wird man neben tabbyfarbenen Kätzchen auch schwarze bekommen. Allgemein ausgedrückt ist eine Fellfarbe gegenüber der anderen dominant, die andere rezessiv. Das Agouti-Gen der Tabby ist über nicht agouti dominant (in unserem Fall über schwarz, es könnte aber auch jede andere Farbe sein). Das Ergebnis besteht darin, daß Kätzchen, die ein Paar Agouti-Gene erben, immer tabby sind. Ein Kätzchen, das ein dominantes (agouti) Gen und ein rezessives (schwarzes) Gen empfängt, wird gleichfalls tabby-farben sein. Aber Kätzchen mit zwei rezessiven schwarzen Allelen besitzen ein schwarzes Fell. Die meisten Erbgänge der Katzenfarben erfolgen nach diesem einfachen Muster der relativen Dominanz.

Wie immer eine Katze aussieht, ob *Russian Blue* oder *Smoke Persian,* genetisch sind sie alle tabby. Jede Katze besitzt Tabby Allele. Selbst einfarbige Katzen sind in Wirklichkeit tabby, entgegen dem, was Du mit eigenen Augen siehst. Alles, was in ihnen vorliegt, ist, daß das Non-Agouti-Allel die blasseren Bereiche des Tabbymusters unterdrückt. Aber der *Geist des Tabbymusters* ist bei bestimmten Lichtverhältnissen immer noch zu erkennen. Von welchem *Tabby* aber sprechen wir überhaupt? Es gibt drei Arten von Tabby-Allelen: a) die der Wildkatze entsprechende engstehende Stromung *(mackerel),* b) das breitere, gefleckte Tabby und c) das Abessiniermuster.

Die Katze des Britischen Imperiums - die gefleckte (blotched) Tabby

Der Genetiker Neil Todd führt den wahrscheinlichen Ursprung

der gefleckten Tabby auf das mittelalterliche England zurück. Ist diese Mutation aber wirklich in England erfolgt? Gemälde aus dem sechzehnten Jahrhundert über das Heilige Abendmahl von Veronese und Bernardino Luini gehören zu den ersten, die eine *blotched tabby* zeigen. Vom Anfang des gleichen Jahrhunderts stammt die früheste Darstellung, die ich gesehen habe, eine Einlegearbeit von Fra Raffaele da Brescia. Alle drei Künstler stammen aus Norditalien, so ist es durchaus möglich, daß diese Mutation in diesem Teil Europas erstmals auftrat, von dort aus über die großen Handelsstraßen nach England kam; die großen Flüsse in Frankreich haben London über den englischen Kanal mit dem Mittelmeer verbunden. Wenn man von der heutigen Verbreitung diese Mutation zurückverfolgt, erfolgte diese ungefähr um 1200 n. Chr.

Möglicherweise die früheste Darstellung einer blotched tabby. *Eine Holzeinlegearbeit Anfang des sechzehnten Jahrhunderts aus dem Kloster von Monte Oliveto Maggiore, Siena, geschaffen von Fra Raffaele da Brescia.*

Ich habe die bescheidene *blotched tabby* als Katze des Britischen Imperiums bezeichnet, weil sie sich im Zuge der britischen Kolonisierung über die ganze Welt verbreitete. Im Laufe der Jahrhunderte hat sich mit wachsendem Katzenbestand auch in England der Anteil der *blotched tabbies* vergrößert. Die ersten Auswanderungswellen englischer Siedler nach Amerika erfolgten im siebzehnten Jahrhundert, nach Kanada im achtzehnten und nach Australien im neunzehnten; sie alle nahmen Katzen mit, die den Anteil von *blotched tabbies* in England zu der jeweiligen Zeit spiegelten. Die gleichen Verhältnisse kann man noch heute beobachten, denn die *blotched tabby* wurde in diesen kolonisierten Ländern weiter gezüchtet, in ihnen gab es zuvor gar keine domestizierte Katze. In Ländern ohne englische Ansiedlung wie Ägypten und Thailand ist die Anzahl von *blotched tabbies* minimal.

Die *blotched tabby* gedeiht besonders gut unter städtischen Verhältnissen. Möglicherweise ist dies dadurch zu erklären, daß sie weniger furchtsam ist als die *mackerel tabby* (Tigerstromung), vielleicht hat aber auch gerade ihre Färbung zu ihrem Erfolg beigetragen. Während die *mackerel tabby* für das freie Feld eine besonders gute Tarnfarbe besitzt, die ihr ermöglicht, unbemerkt durch Grasland zu pirschen, passen die dunklen Flecken der *blochted tabby* besonders gut ins Zwielicht des städtischen Dschungels. Auch die schwachen Lichtverhältnisse der nordischen Wälder und der Sub-Antarktischen Inseln las-

sen gefleckte Markierungen günstiger erscheinen.

Die Abessinier Katze - full agouti tabby

Eine Katzenrasse der Agouti-Wildfärbung ist die Abessinier Katze, seit 1882 anerkannt und eine der vornehmsten Rassen in der Welt der Katzenausstellungen. Die Tabbymarkierung ist auf Kopf, Läufe und Schwanz begrenzt, der Körper ist jedoch immer agoutifarben. Aber woher kommt diese Rasse? Behauptungen, sie sei die kaiserliche Katze des alten Ägyptens, können nicht durch harte Tatsachen untermauert werden, aber

Die Abessinier Katze gehört zu den Agouti Katzen, ihre Tabby-Markierungen *treten aber ausschließlich an Kopf und Schwanz auf. Tabby ist keine Katzenrasse - vielmehr eine Art Vorgängerin aller Katzenrassen. Bei vielen Rassen findet man tabby als eigene Varietät, während bestimmte Tabbymarkierungen Rassegrundlage sind - beispielsweise Abessinier, Ägyptisch Mau und Oriental Spotted Tabby.*

Die gestromte oder mackerel Tabby-Musterung trägt ihren Namen, weil ihre Fellfarbe den Markierungen einer Makrele ähnelt. In den USA und auf dem Kontinent nennt man dies in der Regel Tigerstromung.

Die Gayer-Anderson Bronzekatze zeigt Kopfmarkierungen als Skarabäus stilisiert, an ihrem Schwanzende Tabbyringe. Könnte dies eine Abessinier-Katze gewesen sein?

Diese Zeichnung von Harrison Weir einer spotted tabby - *zeigt wahrscheinlich mehr eine modifizierte Tigerstromung als eine Mutation.*

ihr Name bestärkt diesen Glauben. Allerdings hat der Katzenfachmann Harrison Weir sie auch als *Russisch* und *Spanisch* bezeichnet.

Die erste Abessinierkatze wurde 1868 von Kapitän Barrett Lennard nach England gebracht, er kehrte von einer britischen Militärexpedition nach Abessinien (heute als Äthiopien bekannt) zurück. Alle Katzenfreunde, die den ägyptischen Ursprung unter Beweis stellen möchten, unterstreichen die Ähnlichkeit der Markierungen dieser Abessinierkatze mit denen der nordafrikanischen Wildkatze, obwohl sie eigentlich mehr der Dschungelkatze ähnelt.

Die Züchter haben die Laufmarkierungen der ersten Abessinier planmäßig zurückgedrängt, bei Abessinier-Kreuzungen erscheinen diese aber wieder. Die Original-Agouti-Farbmusterung der Abessinier findet man in Rußland, was der Zuschreibung "Russian" durch Harrison Weir Gewicht verleiht. Allerdings findet man Agoutis vor allem zwischen Indien und Singapur, möglicherweise handelt es sich demnach um eine Südostasiatische Mutation. Da Agouti aber quer durch die ganze Welt auftritt, könnten dies auch Überreste einer viel früheren Population sein?

Unter den ägyptischen Katzen sind ein Drittel mackerel tabbies doppelt so zahlreich wie die gefleckten Tabbies. Bei der *gefleckten tabby* ist es weniger wahrscheinlich, daß es sich um eine Mutation handelt, eher um eine modifizierte *Tigerstromung*, denn bei ihr brechen häufig die Streifen auf und werden zu Flecken, so daß Katzen oft beides zeigen. Daraus läßt sich schließen, daß *gefleckt* und *agouti* vielleicht schon seit Anfang der Domestikation allgemein vorhanden waren. In der alten ägyptischen Kunst treffen wir sowohl auf Katzen mit *Tigerung* wie *gefleckt*. Wenn dies nicht nur stilisierte Darstellungen sind, handelt es sich stets um Agouti Katzen. Auf ägyptischen Bronzen kann man in der Regel keine Fellzeichnungen feststellen. Die berühmteste altägyptische Bronze der Welt, die *Gayer-Anderson Katze* im Britischen Museum, zeigt stilisierte Kopfmarkierungen in Form eines Skarabäus, am Schwanzende hat sie eindeutige Tabbyringe. Dies könnte eine recht realistische Darstellung einer Abessinier-Katze sein.

6 Kurzhaar Katzen

Rauhes Leben schafft robuste Katzen

Katzen kann man nach Haupt-Felltypen in Kurzhaar und Langhaar unterscheiden. Gegen Ende des neunzehnten Jahrhunderts, als die Katzenzucht begründet wurde, beherrschten die in den einzelnen Ländern entstandenen englischen und europäischen Kurzhaar Katzen die Szene. »Eine erstklassige Kurzhaarkatze gehört zu den perfektesten Tieren, die je geschaffen wurden.« So drückte sich Harrison Weir, der Schöpfer vieler Katzen-Rassestandards aus. Aber bald wurden die Langhaar Katzen immer beliebter. Selbst heute übersehen viele Katzenfreunde die Kurzhaarigen, betrachten sie eher als *einfache Hausmiezen*, weniger als eigenständige Katzenrassen.

Es waren aber die kurzhaarigen Katzen, die sich über den römischen Handel auf ganz Europa ausbreiteten, die als *Hexenkatzen* auf dem Scheiterhaufen brannten, ringsum in den Hausgärten lebten, selbst bis in die Antarktis vordrangen. Die Katze der Urform ist die gute alte Tabby-Hauskatze, sei sie braun, gingerfarben oder elegant silberfarben. Jahrhunderte rauhen, gemeinsamen Lebens mit dem Menschen haben ein kräftiges, robustes, lebenstüchtiges Tier geschaffen. Der Körperbau dieser Kurzhaar Katzen wird allgemein als *cobby* bezeichnet - darunter versteht man *rundlich gedrungen.*

Ginger Kurzhaar Katze mit weißen Markierungen - robust, gegen Krankheiten widerstandsfähig und straßenerfahren.

Die Kurzhaar landet in Amerika

Möglicherweise gab es auf Columbus erster Reise in die neue Welt im Jahre 1492 bereits Katzen an Bord seiner Schiffe. Aus einem Brief, geschrieben im Jahre 1495, wissen wir mit Gewißheit, daß er auf seiner zweiten Reise 1493 bis 1495 Katzen mit an Bord hatte. Spanische Niederlassungen im Süden von Nordamerika und englische und französische Niederlassungen im Norden legen die Vermutung nahe, daß es ursprünglich zwei verschiedene Populationen von Hauskatzen gab. Interessanterweise finden wir in der Genetik der heutigen Katzen Parallelen. Forschungen über den genetischen Aufbau dieser Katzenpopulation quer durch die verschiedenen Farben und Längen des Haarkleides zeigen, daß die Katzen von Philadelphia, Boston und New York beispielsweise mehr englischen Ursprungs sind, während die Katzen in Mexiko City, San Francisco und Dallas spanische Vorfahren haben.

Als die ersten Kurzhaar Katzen in Gesellschaft der Auswanderer Amerika erreichten, wartete auf sie gemeinsam auch ein ziemlich rauhes Leben. Das Leben der ersten Pioniere von der Hand in den Mund, begleitet von den Kämpfen zwischen Siedlern und eingeborenen Amerikanern, brachte es mit sich, daß viele Katzen in Amerika wieder verwilderten.

Versnobtheit gegen gesunden Menschenverstand

Als die moderne Katzenzucht in den USA begann diktierte die Versnobtheit, daß in England geborene Katzen immer Rassenkatzen seien, während die im Land geborenen *einfach Katzen* waren. Das Ergebnis war, daß die erste Kurzhaar Katze, die von der GCCF eingetragen wurde, ein britischer Kater mit Gingerfarbe war, das geschah im Jahre 1900. Glücklicherweise gewann aber der amerikanische gesunde Menschenverstand Überhand, bald wurden Katzen, die in den Standard paßten, trotz nicht genau nachgewiesener Abstammung gleichfalls eingetragen. Der erste original amerikanische Kater, der 1904 eingetragen wurde, war *Buster Brown.*

Nach den großen Zerstörungen im Zweiten Weltkrieg waren in Europa nur wenige Rassezuchtkatzen übrig geblieben. *Pedigrees* sind sorgfältige Aufzeichnungen über die Abstammung von Katzen guten Typs. Sind aber einmal zu wenige solcher Tiere verfügbar, erscheint es durchaus vernünftig, nach Katzen

Die moderne British Shorthair hat sich gegenüber den rustikalen Linien der alten Haus- und Straßenkatze in England durch Einkreuzung von Perser Katzen deutlich verändert. Hierdurch entstand die rundliche Kopfform.

des richtigen Typs in ihrem Ursprungsland Umschau zu halten, durch Einkreuzung die genetische Basis zu verbreitern. Um die Anzahl an kräftig gebauten *British Shorthair* auszuweiten, hätten die Züchter eine gezielte Wahl aus den Reihen der Hauskatzen und Farmkatzen treffen sollen. Stattdessen wurden Paarungen mit weitaus schlankeren ausländischen Kurzhaarrassen vorgenommen. Es überrascht nicht, daß dabei der kräftige Körperbau verloren ging. Um ihn wiederzugewinnen, kreuzten die Züchter ihre Katzen mit den kräftig gebauten Perser Katzen. Warum? War es der snobistische Wert eines Stückes Papier, das besagt, daß ein Tier einen *Pedigree* besitzen muß?

Das Endergebnis ist ein völlig anderes Tier - mit weicherem Haar, breiterem *persischen* Kopf, die gerade Nase änderte sich zu der geschwungeneren Linie des Persers. Erst danach hat die amerikanische Katzenzuchtorganisation die *British Shorthair* als eigene Rasse anerkannt.

Aber auch die amerikanischen Züchter selbst waren gegen die Versuchung von Kreuzungen mit Persern nicht immun. Dabei kam es zu den gleichen körperlichen Veränderungen. Am Ende stand ein Tier, das viele Menschen mochten. Es handelt sich aber nicht mehr um eine ehrliche, korrekte *American Shorthair*, und unter dem amerikanischen Katzen-Liebhabern kam es zur Rebellion. Für neue Katzen wurde ein eigener Rassestandard aufgestellt, der jetzt den exotischen Kurzhaarrassen Entwicklungschancen bot. Gleichzeitig begann eine ausgiebige Suche, um nicht geschädigte Linien der *American Shorthair* aufzufinden, auch Katzen ohne Ahnentafel wurden eingetragen. Als Ergebnis ist festzustellen: die am meisten dem ursprünglichen Typ der englischen Kurzhaar Katze entsprechenden Rassekatzen findet man heutzutage ironischerweise in Amerika.

7 Die Langhaarigen des Westlichen und Mittleren Ostens

Frühe Irrungen und Wirrungen in der Zucht

Zeichnung der idealen Form der Langhaar Katze von Harrison Weir. Unglücklicherweise wurden seine Richtlinien von den Züchtern zu wörtlich übernommen, dadurch die Angora Katze durch die Perser Katze ersetzt.

Die ursprüngliche, den Wildkatzen im Typ gleichende Katze ist kurzhaarig; Langhaar Katzen sind wahrscheinlich das Ergebnis genetischer Mutationen (siehe S. 97). Über Jahrhunderte haben Langhaar-Katzen in den gebirgigen und nördlichen Ländern, wo die Härten des Klimas für das Überleben einen dicken Pelz erforderlich machen, viele Liebhaber gefunden. In ihrem natürlichen, noch wenig durchgezüchteten Stadium blieb das Fell dieser Katzen auch ohne Pflege frei von Verfilzungen. Dieses Haar war eine funktionelle Körperbedeckung, kein Fell, das zu modischem Beiwerk reduziert wurde.

Unter den europäischen Katzenzüchtern des neunzehnten Jahrhunderts wurden die verschiedenen langhaarigen Katzen im allgemeinen in etwas sorgloser Art als einzige Rasse angesehen. Harrison Weir selbst unterschied präzise zwischen der Angora, dem Perser, der Maine Coon und der Russischen Katze. Aber im Jahre 1891 schrieb er traurig: »Ich bin mir bewußt, daß viele Katzenkreuzungen als Russen, Angora oder Perser verkauft werden.«

Er beschrieb genau, wie er die richtige Kopfform der Langhaarigen sah: »Kopf: rund, zwischen und über den Augen breit, von mittlerer Größe; Nase ziemlich kurz; Ohren von normaler Größe, aber klein wirkend, weil von langem Haar umgeben.« Die Züchter interpretierten den Standard von Weir übertrieben

wörtlich. In Verbindung mit der Tatsache, daß sich nahezu alles Richten weitgehend auf Farben konzentrierte, besiegelten diese Mißverständnisse um den Typ das Schicksal verschiedener Formen der Langhaar-Katzen. Die lange, elegante Form der Angora Katze verschwand, nachdem sie mit der schwereren persischen Katze gekreuzt wurde. Praktisch war sie etwa bis in die 1950er Jahre in der westlichen Welt verschwunden, ehe neue Tiere aus der Türkei importiert wurden.

Inzwischen litten die Perser auf andere Art, da Richter wie Züchter sich begierig an dem Satz »Nase ziemlich kurz« festhielten. Ein Vergleich mit Bildern von Perser-Katzen auf den ersten Katzenausstellungen zeigt, wie die Nase geschrumpft ist. Dies führte zu einem pekingesenartigen Perserkopf. Ist dies die neueste Errungenschaft der Katzenzucht oder ein erschreckendes Zerrbild von dem, wie eine Katze aussehen sollte? Glücklicherweise wurden in jüngeren Jahren neue Langhaarrassen anerkannt, darunter ironischerweise die Türkisch Angora, also die älteste natürliche Langhaar Katze. Damit sind die Katzen mit originalem anatomischem Aufbau heute buchstäblich eine eigene Klasse geworden.

Die Angora

Als 1923 die Türkei nach dem Zusammenbruch des Osmanischen Reiches zur Republik wurde, ernannte man die alte, auf dem Gipfel eines Hügels liegende befestigte Stadt Angora zur neuen Hauptstadt Ankara. Aber bis zum heutigen Tage ist das alte Stadtbild erhalten geblieben, wurde durch seine steilen Zufahrten vor einer Urbanisation geschützt. Noch heute kann man die Frauen in der Stadt dabei beobachten, wie sie die dicken Ziegen- und Schafsfelle bearbeiten, für welche die Stadt

Nach der systematischen Ausschaltung schlank gebauter Langhaar Katzen durch westliche Züchter, bereitet es heute große Freude, streunende Angora Katzen mit ihren eleganten, unveränderten Nasen in der alten Hügelstadt von Angora in Ankara, Türkei zu beobachten.

VISAVIS: *Im siebzehnten und achtzehnten Jahrhundert wurden die Langhaar Katzen dank ihrer Eleganz zum erwünschten Statussymbol der französischen Aristokratie, die sie liebevoll betreute. Dies dokumentiert das Gemälde von Jean-Baptiste Perronneau* Mädchen mit Katze *aus dem Jahre 1745. Diese Katze zeigt noch eindeutig die Originalform der Angora.*

LINKS: *Im neunzehnten Jahrhundert waren viele Katzen zu vielgeliebten Haustieren geworden. Dies zeigt Louis Léopold Boilly in seinem Gemälde* Gabrielle Arnault *aus dem Jahre 1813.*

so berühmt ist. Und es ist besonders erfreulich, noch echte Angora Langhaar Katzen zu beobachten, mit ihrer klassischen, eleganten Körperform, ihrer ausgeprägten Nase und ihrem schmalen Kopf. Sie leben in ihrem Ursprungsland sowohl verwildert wie auch als Hauskatzen.

Diese Katzen gibt es in einer breiten Skala von Farben und Farbmustern. Es sind immer Länge und Typ des Fells und die Körperform des Tieres, welche die Angora auszeichnen, nicht ihre Farbe. Trotzdem war es die Farbe weiß, welche die Angoras im Osmanischen Kaiserreich über sechshundert Jahre zu den Lieblingen der Wohlhabenden machte. Angoras wurden im späten Mittelalter durch venezianische Händler nach Europa, vorwiegend Frankreich, eingeführt, möglicherweise kamen sie auch bereits früher mit den heimkehrenden Kreuzfahrern. Hier erreichten sie den gleich hohen modischen Stellenwert wie im Osmanischen Reich.

Die französische Haltung gegenüber der Katze blieb über lange Zeit unverändert. Während Aberglaube und Verfolgung das Schicksal der gemeinen Katze war, sicherte den Langhaarigen ihr gutes Aussehen in den höchsten sozialen Gesellschaftsschichten weiterhin Beliebtheit. Kardinal Richelieu (1585-1642), während der Regentschaft von Ludwig XIII der starke Mann hinter dem Thron, hinterließ für seine vierzehn Katzen eigene Pensiongelder, zumindest eine seiner Katzen war eine *»chatte angora«*. Die modebewußten Damen des siebzehnten Jahrhunderts liebten ihre Haustiere glühend. Antoinette du Ligier de la Garde Deshoulières - die *zehnte Muse* am Hofe Ludwigs XIV - schrieb poetische Liebesbriefe ihrer Katze an eine Katze im Besitz der Duchess von Béthune. Um aber seine Untertanen zu beruhigen, ließ der König weiter die Scheiterhaufen anzünden, auf denen Katzen ritual verbrannt wurden (siehe S. 51).

Eine zeitgenössische Darstellung der Original Perser Katze. Wir sehen eine grausmoke Katze von Angora Typ mit vollem, buschigem Schwanz zwischen einem jungen persischen Prinzen und seinen Lehrern sitzen. Diese Miniatur etwa aus dem Jahre 1675 stammt aus Isfahan und wird Ali Quli Jabbadar zugeschrieben. Da die moslemische Kunst eine Vorliebe für Kalligraphie - Schriftkunst - aufweist, finden wir in der persischen Kunst bemerkenswert wenige Bilder. Trotzdem wurden Katzen in der moslemischen Gesellschaft schon viel früher akzeptiert als im Westen.

Die Turkish Van

Auch die Türkei ist für eine eigene Langhaar-Katze bekannt, obwohl die Turkish Van, wie sie heute in England gezüchtet und ausgestellt wird, in ihrer Heimat, der Lake Van Region von Anatolien, nicht anerkannt würde. Ich bin in dieser Region

Manchmal nehmen türkische Familien ihre Katzen mit, wenn sie am Lake Van ihre Picknicks abhalten. Diese ausgewachsene Katze ist der einfarbige Typ, wie er in seiner Heimat als echte Van Cat anerkannt wird, während das Jungkätzchen mit seinen kastanienroten Flecken der Typ ist, den man in England wünscht.

viel gereist, erwartete, daß die ortsansässigen Katzen weiße Angoras seien, mit den charakteristischen kastanienroten Flekken um den Kopf und auf jedem Ohr. Nach dem offiziellen Standard des *Govering Council of the Cat Fancy (GCCF)* soll die Rute »dicht behaart, von mittlerer Länge und kastanienroter Farbe sein.« Aber ich kam in der Stadt Van an und stellte fest, daß die echte *Van Cat* eine charmante, zarte, reinweiße Angora ist. An kaum einer Katze sah ich die Markierungen, die ich zuvor für die charakteristischen Merkmale der Van gehalten hatte.

Diese Frage diskutierte ich mit vielen Einheimischen, darunter auch Professor Gure von der Van Universität, der eigene Studien über diese Katzen durchführte. Alle bestätigten übereinstimmend, daß die *Van Cat* reinweiß ist. Für die Ortsansässigen sind die echten Merkmale einer Van ihre charakteristischen Augen, nach Möglichkeit ein grünes und ein blaues, aber auch gelb und blau werden akzeptiert. Solche Katzen mit verschiedenen Augenfarben werden aus den Würfen ausgewählt. Dabei erzählten sie mir, daß die Katzen in Ankara immer beidseitig blaue Augen hätten.

Warum dieses Mißverständnis über die Identität der Van? Bis vor kurzem war das gebirgige Anatolien weitgehend isoliert, seine Katzen für den Rest der Welt unbekannt. Im Jahre 1955 brachten zwei Katzenliebhaber, die das Gebiet bereisten, ein Paar kastanienrot markierte Katzen mit nach England. Und von diesen Katzen wurde die gesamte westliche Linie weitergezüchtet. Aber die Stadtbewohner von Van erzählten mir, daß dies eindeutig nicht die richtigen *Van Cats* seien. Heutzutage ist Anatolien für Touristen zugänglich, was unglücklicherweise dazu geführt hat, daß eine ganze Reihe dieser hochgeschätzten Katzen durch sie gestohlen wurden.

In Großbritannien ist die Van besonders als schwimmende Katze bekannt. Verschiedene Katzenbesitzer in Van erzählten mir, daß ihre Katzen sie zu Picknicks am See begleiteten, in den seichten Gewässern spielten und vorzügliche Schwimmer seien. Trotz der allgemeinen Abneigung der Katze gegen Wasser ist dieses Verhalten für die ostmediterranen Katzen in keiner Weise ungewöhnlich. Die kurzhaarigen, schlank gebauten Katzen an den Küsten von Griechenland und der Türkei sprin-

Oft nennt man die Van Cat schwimmende Katze, interessanterweise trocknet ihr Fell trotz seiner Länge ohne Verfilzungen. Hier geht eine Katze ins Wasser des Lake Van. Dieses Verhalten ist jedoch für ostmediterrane Katzen in keiner Weise ungewöhnlich, Katzen dieser Art schwimmen hier häufig von vor Anker liegenden Booten ans Land und wieder zurück an Bord.

gen regelmäßig von vor Anker liegenden Booten ins Wasser, schwimmen ans Land und wieder zurück. Es ist bemerkenswert, daß das langhaarige Fell der Van ohne irgendwelche Verfilzungen trocknet.

Perser - natürliche oder künstliche Rasse?

Kommt die Perser Katze wirklich aus Persien? Einige antworten mit Ja, andere verneinen dies. Die charakteristischen Merkmale der Angora wurden - wie bereits erwähnt - Anfang dieses Jahrhunderts verwässert. Englands GCCF beschloß dann, alle langhaarigen Katzen *Longhairs* zu nennen, während sie in den Vereinigten Staaten unverändert als *Persians* bezeichnet wurden. Die heutige *Persian* besitzt volles *powder puff* Haarkleid, während das Fell der wieder eingeführten Angora viel glatter ist. Diese *Persians* könnten ein Leben auf den Straßen ohne Pflege nie überleben. Aufgrund veränderter Kopfform und Haarkleid wurden sie zur eigenen »Schöpfung« ihrer Züchter.

Ehe jedoch die westlichen Züchter diese Veränderungen auslösten, waren langhaarige Katzen aus der Türkei und Persien wirklich voneinander zu unterscheiden? Man findet Langhaar Katzen der Angoraform von Istanbul bis zum Nordosten vom Iran, ja sogar bis jenseits des Kaspischen Meeres; diese unterscheiden sich aber deutlich von den Katzen mit schwerem, dicken Fell im Norden (siehe S. 127-129).

Der bedeutende Naturwissenschaftler des achtzehnten Jahrhunderts Graf Buffon zitiert den Italienreisenden Pietro della Valle aus dem sechzehnten Jahrhundert, dem man häufig irrtümlicherweise die Einführung von Langhaar Katzen nach Europa zuschreibt:

»In Europa ... gibt es eine Katzenart, die ursprünglich zur Provinz Chorazan (im Nordosten des Irans, zwischen dem russischen Reich und Afghanistan) gehörte. Ihre Schönheit besteht in der Farbe des Haars, das gleichförmig grau ist und über den ganzen Körper reicht. Nur an Kopf und Rücken ist es dunkler, auf Brust und Bauch heller, wo es nahezu weiß wird. Außerdem ist das Haar fein, glänzend, weich wie Seide und so lang, daß es, wenn es sich auch nicht kräuselt, doch an einigen Körperpartien Locken bildet, besonders unter der Kehle. Der allerschönste Körperteil ist der sehr lange Schwanz, mit Haaren in

Die moderne Perser Katze, mit ihrem dicken, vollen Haarkleid, könnte ohne laufende Fellpflege durch ihren Besitzer nicht leben.

einer Länge von 12,5 bis 15 cm bedeckt. Die Katzen strecken und drehen ihn wie Eichhörnchen über den Rücken, die Schwanzspitze ähnelt einem Federbusch. Diese Katzen sind sehr zahm, die Portugiesen haben sie von Persien nach Indien gebracht.« ... »Aus dieser Beschreibung wird klar, daß die Persischen Katzen sehr in der Farbe jenen ähneln, die wir Chartreux Katzen *nennen - eine alte Zucht französischer grauer Katzen - und daß - abgesehen von der Farbe - diese wieder perfekt der Angora Katze ähneln.«*

Buffon hat diese »Perser« nicht selbst gesehen, war aber mit den Angora Katzen in Frankreich vertraut. Sein letzter Satz dokumentiert seine Überzeugung, daß mit Ausnahme der Farbe

Angora Katze *aus Buffon's* Histoire Naturelle *des Jahres 1756. Buffon schrieb, daß der einzige Unterschied zwischen Angora und Perser Katzen in ihrer Farbe lag.*

zwischen Angora und Perser wenig Unterschiede bestanden, sie in Körperbau und Aussehen weitgehend gleich waren. Dieser Perser war eine graue Smokeform der Angora, und glücklicherweise ist uns ein zeitgenössisches Bild überliefert.

Die Staatskatze von Maine

Maine in New England ist die Heimat der wildesten und schönsten Individualisten der ganzen Katzenwelt, der Maine Coon. Diese älteste in den USA gezüchtete Katze genießt auch noch die Auszeichnung, die Staatskatze von Maine zu sein. Ihr etwas unglücklicher Name wurde ihr von den frühen Pionieren gegeben, die glaubten, sie sei aus einer biologisch unmöglichen Paarung einer Hauskatze mit einem Waschbären entstanden. Sie ist ein großes Tier mit wunderschönem, zottigen Haar, das diesen halbverwildert lebenden Farmkatzen auch in den harten Wintern von New England das Überleben ermöglicht.

Das Langhaar-Gen stammt wahrscheinlich von einigen der über die Schiffe eingewanderten Katzen. Eine außerordentlich romantisch klingende Geschichte über den Ursprung der Rasse geht zurück auch auf die vom Schicksal geschlagene Königin Marie Antoinette, die sechs Angora Katzen besaß. Während der Französischen Revolution wurde ein Plan ausgearbeitet, wie mit dem Schiff *Sally* die Königliche Familie aus Frankreich fliehen sollte. Kapitän dieses Schiffes war ein Mann namens Samuel Clough, er stammte aus Wiscasset, Maine. Der Plan mißlang, aber der Kapitän segelte mit dem gesamten Haushalt - einschließlich der sechs Katzen - ab. Das harte Leben draußen im freien Land von New England habe dann die höfischen Angora-Katzen schnell in die in ganz Amerika geschätzte Maine Coon verwandelt.

Es gibt auch eine andere Erklärung, begründet auf Interpretationen der Farbverteilung auf dem Katzenfell. Daraus schließt man, daß diese Katze von den Wikingern aus Skandinavien ins Land gebracht wurde. Auf Neufundland wurde eine Wikinger-Siedlung ausgegraben, und in Maine fand man eine skandinavische Münze aus der Regierungszeit von Olav dem Heiligen (1067-93 n. Chr.). Auf Island war das Fell eines ausgewachsenen Katers um 1200 n. Chr. soviel wert wie drei Fuchsfelle, so

wurden die Felle gehandelt. Einige der Katzen reisten möglicherweise von Postkutschstationen auf Island oder Grönland nach Amerika. Vielleicht hielt sich auch eine örtlich begrenzte verwilderte Katzenpopulation, die Jahrhunderte später dann mit den Katzen der Siedler verschmolz. Eine Stütze dieser Theorie findet man in der Tatsache, daß die Maine Cat der Norwegischen Wildkatze - *Norsk Skaukatt* - ähnelt (siehe S.128).

In den Anfangsjahren der amerikanischen Katzenausstellungen regierte die Maine Coon souverän - auf der *Madison Square Garden Show* im Jahre 1895 wurde eine Maine Cat *Best in Show*. Aber die Ankunft modischer Rasseperser mit Ahnentafeln drängte die Maine Coon über mehrere Jahrzehnte wieder zurück in das Umfeld der Farmwirtschaft. Dann gründete man 1953 in Skowhegan, Maine, einen eigenen Club. Im Jahre 1976 verlieh die CFA - *Cat Fanciers Association* - der

OBEN: *Die Maine Coon entwickelte sich zu einer robusten Farmerkatze, die in dem rauhen Klima von New England durchaus auch im Freien leben kann. Während Zuchtkatzen und immer mehr Hauskatzen in den USA ihr ganzes Leben über im Haus gehalten werden, läßt sich die neue Generation von Maine Coons in keiner Weise von den Unbilden der Außenwelt einschüchtern.*

Maine Coon Championatsstatus - sie gehörte von nun an zu den Besten Amerikas. Wie bei den Kurzhaar-Katzen (siehe S.108) siegte letztendlich der gesunde Menschenverstand über den Snobismus.

Die Norwegische Waldkatze und die Wiederkehr der Russischen Katze

Die *Norsk Skaukatt* aus Norwegen lebt in ihrer Heimat sowohl verwildert wie auch als Bauernkatze. Ihr Langhaar-Gen kam

UNTEN: *Nach den ersten Katzenausstellungen geriet die Russische Langhaar Katze im Westen bis etwa 1991 völlig in Vergessenheit. Heute nennt man sie Sibirische Katze, auf der internationalen Katzenausstellung in New York feierte sie ihr Comeback.*

Die Norwegische Waldkatze ist wahrscheinlich die Katze mit der langen buschigen Rute, wie wir sie aus alten nordischen Märchen kennen. Alle Nordischen Langhaar Katzen haben ein dickes und warmes Fell, das auch Wasser und Schnee leicht abschüttelt.

wahrscheinlich aus Kleinasien mit den Wikingern über die Wasserhandelsstraßen nach Rußland, von da in den Norden. Alte norwegische Legenden über eine Katze mit langem, buschigem Schwanz geben Hinweise, daß die Katzen in dieser Region schon lange leben. In England stellte man auf den ersten Katzenausstellungen häufig Russische Langhaar Katzen vor. Eine dieser Katzen gehörte Harrison Weir, der ihr Aussehen mit folgenden Worten beschrieb: »Die Mähne ist ziemlich groß, lang und dicht, von wolliger Struktur, mit groben Haaren dazwischen. In der Farbe sind die Katzen dunkeltabby. Die Augen sind groß und treten etwas hervor, die Ohren scheinen vergleichsweise groß, tragen kleine Haarbüschel mit langem, wolligem Haar, ...der Schwanz ist dicht mit Haar, in gleicher Länge von der Wurzel bis zur Spitze, bedeckt.« Diese Beschreibung könnte gut zur heutigen Norwegischen Waldkatze passen.

Die Entstehungsgeschichte dieser robusten Katze hängt eng mit ähnlich harten klimatischen Verhältnissen zusammen. Alle diese nordischen Langhaare haben eine wollige Unterwolle, durch die groberes Haar wächst, das Wasser und Schnee abhält. Das Langhaar-Gen ist bei den Russischen Katzen besonders stark. In Dänemark und Schweden gibt es nahezu identische Versionen, die *Racekatte* und die *Rugkatt.*

In den 1930er Jahren begann in Norwegen die planmäßige Zucht der Norwegischen Waldkatze. Während des Zweiten Weltkriegs ging die Zucht stark zurück, wurde aber in den 1970er Jahren wieder belebt. Aufgrund der Abschottung Rußlands geriet die Russische Katze im Westen in Vergessenheit. Dann wurde auf der internationalen Katzenausstellung in New York 1991 - vergleichbar einem wiederauferstandenen Geist - die echte Russische Katze präsentiert. Olga Frolova, Präsidentin der neuen Katzenzüchterorganisation Rußlands, und Züchter David Boehm, der die Katze als Siberian bezeichnet, hatten diese Katzen aus der ehemaligen UdSSR mitgebracht.

Aufgliederung der Rassen

Heute werden die einzelnen Langhaar-Rassen wieder für sich anerkannt. Man unterscheidet drei Felltypen: Angora-Typ, nordische Katzen und moderne Perser.

8 Die Katzen des Fernen Ostens

Der Weg von Ägypten in den Osten

Die Vorfahren der europäischen Katze reisten auf den Handelsrouten Richtung Norden und Westen; die Vorfahren der asiatischen Katze kamen gleichfalls über die Handelswege in den Osten. Der arabische und indische Küstenhandel ist sehr alt und bot eine sichere Passage in den Südosten Asiens. In der Vergangenheit weigerten sich die Besatzungen von Nilschiffen an Bord zu gehen, wenn keine Katze dabei war. Selbst in den 1930er Jahren erwähnte der Schriftsteller und Weltreisende Alan Villiers, daß Katzen noch immer unentbehrlich seien, um der Ratten an Bord der traditionellen *dhows* auf dem Arabischen und Roten Meer Herr zu werden.

Dieser buddhistische Abt lebt in Thailand in einem ländlich abgelegenen Tempel. Er ist umgeben von verschiedenen Katzen, unter ihnen zur Linken eine traditionelle Siam, zur Rechten ein Schildpatt mit Points. Heute bemühen sich die Züchter der Siamkatze nachhaltig, Würfe mit solchen ungewöhnlichen Farbzeichnungen hervorzubringen - es hat aber den Anschein, daß die Katzen diese Points auch von sich aus und ohne züchterische Hilfe entwickelten.

Die Stabilität des römischen Kaiserreiches im Westen, des chinesischen Han-Imperiums im Osten ermöglichte von etwa 130 v. Chr. bis 300 n. Chr., auch den Handel zu Land zwischen diesen zwei blühenden Gebieten zu pflegen. Kamelkarawanen aus den Handelszentren des Mittleren Ostens zogen regelmäßig über die Seidenstraße, die Asien durchquerte und nach China führte. Aber die *barbarische Expansion* nomadischer Stämme in Zentralasien zerstörte beide Imperien, über hunderte von Jahren brachen auch die alten Handelsstraßen zusammen.

Nach dem ersten Zeugnis von Katzen in China etwa 400 n. Chr. klafft eine Lücke bis zu ihrem erneuten Auftreten etwa um 1000 n. Chr., als die Seidenstraße wieder eingerichtet wurde. Als diese seltenen Tiere in China ankamen, ketteten die vornehmen chinesischen Empfänger ihre ausgewachsenen Katzen an, eine Praxis, die über Jahrhunderte fortgesetzt wurde. Als die Katze weiter Richtung Ferner Osten vorrückte, wurde diese Gewohnheit auch in Japan übernommen. Aber diese Katzen - obwohl hochgeschätzt - waren nicht nur Haustiere. In China wurden sie vielfach eingesetzt, um die Seidenspinner-Kokons gegen Nager zu schützen.

Eine seidene Schriftrolle mit Unterschriftsiegel des Ming Kaisers Hsuan-tsung (1398-1435 n. Chr.) zeigt spielende Kätzchen (siehe S. 142-143). Obwohl diese als ein Original gilt - der Kaiser war ein anerkannter Künstler - könnte es sich durchaus auch um eine im achtzehnten Jahrhundert angefertigte Kopie handeln. Auf jeden Fall zeigt diese Rolle, daß allerspätestens um 1700 die Farben Weißorange und Weiß mit Schwarz und Orange (calico) bei Katzen in China aufgetreten sind. Diese Farben gab es sicherlich auch weiter Richtung Japan und in anderen Regionen Südostasiens.

Die schlanken - »fremden« -Formen

Während man den Körperbau der typischen, wohlgerundeten britischen Katzen als untersetzt beschreiben kann, wurden - wie bereits früher erwähnt - die schlanken Kurzhaar Katzen aus Südostasien als *fremd - foreign* - angesehen. Woher dieser Unterschied stammt, ist nicht geklärt. Diese unterschiedlichen Formen im heißen oder kalten Klima haben sich möglicherweise nach der Domestikation durch Mutation gebildet; alternativ könnte eine Erklärung darin liegen, daß Kreuzungen mit

Diese Zeichnung von Harrison Weir der »Königlichen Katze aus Siam« zeigt, wie relativ schlank (foreign) die Katzen aus dem Südosten Asiens wirkten, als sie erstmals im neunzehnten Jahrhundert in England ankamen. Dies sind aber nicht die extreme Formen der heutigen westlichen Ausstellungskatzen.

afrikanischen Wildkatzen in den heißen Klimazonen die schlanke Form verstärkt haben könnten, während Paarungen im Norden Europas mit europäischen Wildkatzen möglicherweise die schwereren Formen brachten.

Das thailändische Katzenepos

Ayutthaya war von 1350 bis 1767 n. Chr. die Hauptstadt von Siam (Thailand), dann wurde die Stadt von den ins Land einfallenden Burmesen zerstört. In dieser Periode wurden eine Reihe von Katzengedichtbänden geschrieben und illustriert, die alle in Thailand bekannten Katzen dokumentierten. Die Darstellungen zeigen siebzehn verschiedene Katzentypen, die meisten davon schwarzweiß, wie man sie noch heute in diesem Land rund um die Tempel und Klöster antrifft. Diese kostbaren Dokumente schildern die Siam - in den Gedichten *Vichien Mat* genannt - die Korat und die Copper. Hervorzuheben wäre, in diesen Illustrationen gab es keine Ginger, Tortoiseshell oder Calico, diese Farben sind heute jedoch in Südostasien sehr stark verbreitet. Möglicherweise reiste das Gen für orange über die Seidenroute quer durch Asien, während die Originalkatzen der Ebenen bereits früher über den Seeweg ins Land kamen.

Die Königliche Siamkatze

Als die Siamkatze bei der Eröffnung der Crystal Palace Katzenshow in London im Jahre 1871 zum ersten Mal im Westen vorgestellt wurde, löste sie eine schockartige Reaktion aus, galt als ein Geschöpf, das »eine Art unnatürliches Schreckgespenst einer Katze sei«. Aber weit mehr Katzenliebhaber schlossen sich der Meinung von Harrison Weir an: »Von den wunderschönen verschiedenen Rassen der Hauskatze, die auf den Katzenausstellungen gezeigt wurden, verdiente keine mehr Aufmerksamkeit als *The Royal Cat of Siam.*«

In der Vergangenheit waren diese Katzen strikt auf den königlichen Haushalt und die Tempel Thailands beschränkt. Es gibt einen tiefen thailändischen Glauben, daß wenn ein geistig besonders hochstehender Mensch stirbt, sein Geist in einer Katze weiterlebt, bis auch dieses Tier stirbt. So wurde in der Vergangenheit beim Tod eines thailändischen Herrschers ihm immer seine Lieblingskatze mit ins Grab gegeben, im Dach aber wurde eine kleine Öffnung gelassen. Wenn dann die Katze aus dieser Öffnung auftauchte, glaubte man, sie habe den Geist des Königs in sich aufgenommen.

Gelegentlich wurden solche kaiserlichen Katzen als diplomatische Geschenke präsentiert. Am berühmtesten wurde das Paar, das 1884 dem britischen Generalkonsul überreicht und nach England gebracht wurde. Aus zeitgenössischen Zeichnun-

Eine Korat Katze auf einer Farm in Thailand. In diesem Land glaubt man, Katzen besäßen Macht über das Wetter. Sie gelten als Glücksbringer.

Die Korat wie sie im thailändischen Katzenepos abgebildet ist.

gen und Fotos von der Ankunft dieser Tiere ergibt sich klar, daß nach dieser Zeit westliche Züchter dieser Rasse eine viel »orientalischere Form« gegeben haben als die echte Thai Katze besaß. Die *fremde Form* ist in den siamesischen Hauskatzen Thailands ebenso wenig akzentuiert wie bei den heute verwildert lebenden Katzen rund um die buddhistischen Tempel. Thailändische Katzenzüchter wie Major General Pengrpicha bewahren die traditionellen Formen.

Über Siam Katzen wird häufig berichtet, sie hätten verschiedenfarbige *points* - Markierungen im Gesicht, an Ohren, Läufen und Schwanz. Die siamesische Mutation löst verringerte Farbpigmente der Haarschäfte auf den wärmeren Körperpartien aus. Die Haut der Katze ist an den dünneren Partien kühler - entsprechend zeigen die *points* stärkere Pigmentbildung.

Die Korat

Eine weitere thailändische Rasse, über viele Jahrhunderte als *Si-Sawat* bekannt, wird in den Katzenepos-Beschreibungen wunderbar beschrieben: »Ihre Haare sind glatt, mit Wurzeln wie Wolken, Haarspitzen wie Silber. Ihre Augen leuchten wie

Tautropfen auf einem Lotusblatt.« Ihren heutigen Namen erhielt sie im neunzehnten Jahrhundert von König Rama V, nachdem dieser herausgefunden hatte, woher diese Katzen kamen - Korat ist eine Region im Osten des Landes.

Über ganz Thailand leben die Korats auch verwildert, aber an keiner Stelle treten sie in größerer Zahl auf. In dem trockenen Nordosten und im Zentrum des Landes glaubt man aufgrund der Regenwolkenfarbe dieser Katze, sie habe Macht über das Wetter. Zum Ende der Trockenperiode halten die Farmer einen begeisterten feierlichen Umzug ab, in dessen Mittelpunkt eine Korat Katze steht. Über ihren Körper wird Wasser geschüttet, um Regen für die Fruchtbarkeit der Erde zu bewirken. Der silberne Glanz des Katzenfells symbolisiert Wohlstand und Glück. Aus diesem Grunde werden diese Katzen häufig jungen Bräuten geschenkt, auch Freunden, denen man hohen Respekt entgegenbringt.

Als die Siam Katzen England erreichten, kamen gleichzeitig auch Korat Katzen ins Land. Die Richter auf der *National Cat Club Show* im Jahre 1896 disqualifizierten diese Tiere, ihnen erschien das Blau im Vergleich zur Biscuitfarbe der Siamesen fehlerhaft. Erst im Jahre 1959, als ein Koratpaar in die USA kam, fand die Rasse in der westlichen Katzenwelt Aufmerksamkeit. 1966 wurde die Korat in den USA anerkannt, in England dauerte es noch bis 1975. Hier sah man sie als der *Russisch Blau* viel zu ähnlich an, die bereits in den 1860er Jahren aus Archangelsk in Nordrußland eingeführt wurde und allgemeine Anerkennung gefunden hatte. Wie alle »blauen« Katzen besitzt die Korat Gene für ein schwarzes Fell, zusätzlich ein *Auflichtungsgen*, wodurch die Farbintensität auf ein weiches Grau vermindert wird. Das Hauptzuchtgebiet der Korat liegt heute in Amerika. Die Zuchtvereine haben den Typ sorgfältig bewahrt, aber auch in Bangkok wächst das Interesse, Korats zu züchten und auszustellen.

Die Burma Katze

Eine weitere Katze aus den thailändischen Gedichten. Die *Thong Daeng* oder *Copper* ist der Vorfahre der heutigen Burma Katze, wie sie in den USA wiedererschaffen wurde und auch ihren Namen erhielt. In den 1890er Jahren bereits importierte ein Mr. Young aus Harrogate in Yorkshire eine solche Katze. Er beschrieb sie als »schokoladenfarbene Varietät der Königlichen Siam Katze ... mit reicher Schokoladen- oder Seehundfarbe, dunklerem Gesicht, Ohren und Schwanz; ihre Läufe sind um einen Schatten dunkler, die Pfoten noch farbstärker.« Diese dunklere Farbe wurde als eine »zufällige Abweichung« angesehen, außerhalb des Südosten Asiens wieder vergessen, bis im Jahre 1930 Dr. Thompson, ein Arzt der amerikanischen Flotte, eine dieser Katzen aus Rangoon mit nach Hause brachte. Sie wurde mit einer Siam Katze gekreuzt, ihre Nachkommen wieder auf die Mutter zurückgepaart.

Dabei entstanden drei Felltypen: normal Siamese; dunklerer Körper, aber gleiche *points* wie bei der Mutter und voll einfarbig in dunkler Schokoladenfarbe. Die Letzteren aus diesen Farben waren die ersten Burma Katzen. Die dunkelbraune (oder zobelfarbene) Burma Katze vererbt sich dominant, besitzt ein Gen für diese Farbe. Obwohl im Westen neu, ist dieses Gen in Südostasien weit verbreitet, dort entstehen völlig natürlich *Coppers* und *Burmese*. Die Gene der Siam Katzen und der Burma Katzen verhalten sich untereinander ungewöhnlich: aufgrund »unvollständiger Dominanz« kommt es zu der Zwischenfarbe der *Coppers* (siehe *Tonkinese*, S. 154).

Anfang der 1950er Jahre kam die Burma Katze nach England. Hier wurde eine Zuchtwahl zugunsten der schlank gebauten, modernen Ausstellungs-Siam Katze getroffen, während in Amerika die Burma Katze ihren robusten Körperbau beibehielt. Eine breite Farbskala hat sich entwickelt, was in Gegensatz zu der ursprünglichen Eigenschaft der Rasse, der Reproduktion ihrer Originalfarbe, zu stehen scheint. Es gab anfänglich in den USA starke Inzucht, was zu den neuerdings in einer Linie auftretenden Schädelproblemen geführt haben mag.

In Chiang Mai in Thailand traf ich Professor Edward Rose, einen Amerikaner, und seine thailändische Frau Malee, die führenden Katzenzüchter des Landes. Sie besitzen einen schönen *Copper Kater* namens Woot, der nach einem Zitat von Edward der Burma-Rasse »einen genetischen Schuß in den Arm gibt«. Mit Burma-Katzen gepaart brachte Woot *Cooper* wie *Burma*

RECHTS: *Gemälde einer* Copper *aus den Thai Cat Book Poems.*

UNTEN: *Neue Burma Katze mit genetischem Einschlag aus Thai Coppers.*

Kätzchen, einige davon wurden nach den USA verkauft. Nachdem es in den Ausgangsregionen noch immer die alten Rassen gibt, erscheint es töricht, sich nicht auf sie als echte Zuchtlinien zu besinnen, dadurch die genetische Basis zu stärken, ohne dabei die Katzenzahl in diesen Regionen zu verkleinern.

Die Birma - die heilige Katze aus Burma

Möglicherweise ist die Birma Katze eine Erfindung französischer Katzenzüchter aus den 1920er Jahren. Die alternative Romanze, welche diese Katze begleitet, ist aber so eindrucksvoll und verführerisch, daß man sie gerne glauben möchte. Mitten zwischen den bewaldeten Hügeln im Nordosten Burmas

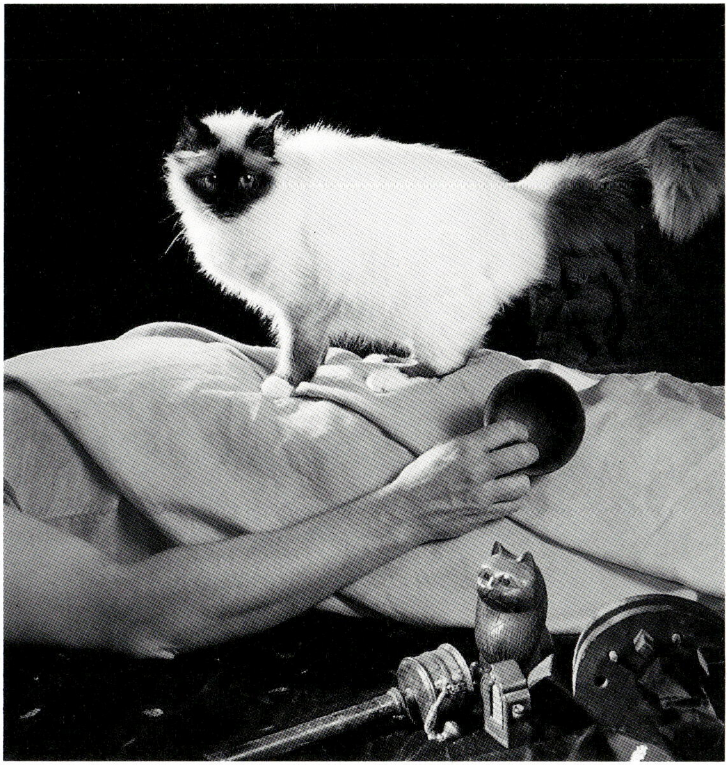

Die Birma sealpoint wurde in Europa erstmals direkt nach dem Ersten Weltkrieg vorgestellt. Nach einer alten Legende wurden die Pfoten dieser Katze weiß, als die Seele eines sterbenden Priesters über die Pfoten in ihren Körper überging.

liegt der unterirdische Tempel von Lao-Tsun. Die Birma Katzen, langhaarige Katzen mit den Abzeichen der Siam Katze und weißen Pfoten, waren des Tempels heilige Katzen. Im Jahre 1885 hat Major Russell Gordon, ein englischer Armee Offizier, sie selbst dort gesehen.

In der alten Legende war eine Katze mit Namen Sinh das Orakel für Mun-Ha, einen erleuchteten Tempelpriester der Kittah Religion. Als eine Armee angreifender Thai Krieger vor den Toren stand, starb Mun-Ha und seine Katze sprang auf ihn. Als seine Seele auf die Katze überging, wurden ihre Pfoten schneeweiß, durch diese Berührung gereinigt. Die anderen Priester - durch diese Verwandlung ermutigt - besiegten ihre Feinde. Die Katze Sinh verweigerte aber jede Nahrung, starb sieben Tage später. Und dadurch war die Seele von Mun-Ha von der Erde befreit.

Offensichtlich wurden 1919 zwei Birma Katzen nach Frankreich gebracht, ab 1926 findet man Fotos und Artikel über die »neuen Katzen«. Der Glaube an die asiatische Abstammung wurde 1960 dadurch untermauert, daß man im Tibet zwei Katzen fand, die mit den Birma Katzen völlig identisch waren. Während das lange Fell möglicherweise durch Mutation entstand, könnten die Wanderungen buddhistischer Mönche im Himalayagebiet auch zu einer Übertragung des Langhaar-Gens und des siamesischen Fellmusters geführt haben. Die weißen Socken, ausgelöst durch ein Gen für Weißfleckung, sind bei weitem nicht einzigartig. Auf frühen Katzenausstellungen traf man bei der Siam Katze weiße Socken häufig an, und in Thailand habe ich selbst unter Hauskatzen wie Tempelkatzen viele Siam Katzen mit weißen Socken beobachtet. Da alle wesentlichen Merkmale in dieser Region vereinigt sind, wäre es wahrscheinlich böswillig, die Birma Katze nicht als asiatische Katze anzuerkennen.

Foreign oder Orientalische Kurzhaar Katzen

Die fremdländisch - *foreign* - wirkenden schwarzen und schwarzweißen Katzen aus dem alten Katzenepos werden heute in ihren eigenen Heimatländern als Rassen vernachlässigt. In den 1950er Jahren züchteten englische Katzenliebhaber eine einfarbig schokoladenbraune Katze dieser Körperform, gefolgt von einer weißen, einer lilac und schließlich einer schwarzen. Bis zum Jahre 1991 wurden diese Katzen in England als *Foreign* bezeichnet, in Nordamerika waren und sind diese Katzen noch immer *Oriental*, ein Begriff, der in England nur auf gemusterte Katzen angewandt wird. Heute werden in England alle Katzen mit einer von der Siam Katze abgeleiteten Körperform als *Oriental* bezeichnet, dadurch bleibt für alle anderen schlanken Rassen die Gruppierung *Foreign*.

Knickschwänze und die Prinzessinnen

Als die Siam Katzen erstmals in England auftauchten, hatten sie häufig Knickschwänze. Viele Katzenbesitzer sahen darin eine besonders charmante, exotische Eigenschaft. Ein Standard Ende des neunzehnten Jahrhunderts ging soweit anzumerken, daß die Siam Katze sich häufig durch einen Knick in ihrem Schwanz auszeichne. Im Jahre 1903 schrieb der *Hon. Secretary of the Siamese Cat Club,* daß »ein Knick im Schwanz eine Eigentümlichkeit der Rasse, deshalb erwünscht sei .... in Siam wird dies hochgeschätzt, insbesondere Katzen, die der König als wertvolles Geschenk wichtigen Menschen überreichen läßt, besitzen dieses Merkmal.«

Da der Rutenknick ein natürliches Merkmal der südostasiatischen Katze ist, erwies es sich als unglücklich, daß sich unter den Züchtern eine Bewegung dagegen ausrichtete, ja diese Eigenschaft als ernsthafter Fehler herausgezüchtet wurde. Noch bedauerlicher erscheint dies, weil heute im Ursprungsland das Interesse an Katzenausstellungen immer mehr wächst, man dabei dem westlichen Vorbild nacheifert. Jüngere Zuchtauswahl im Westen hat immer das Andere und Zerbrechlichere hervorgehoben. Wären die geknickten Schwänze kurze Zeit später auf der internationalen Ausstellungsszene aufgetaucht, würde man sie möglicherweise heute als positives Merkmal ansehen.

Die englische Manx Katze (siehe S. 168) hatte immer nur lokale Bedeutung, während die Asian- oder Knickschwänze im

NÄCHSTE SEITEN: *Ausschnitt einer »Calico Katze« mit einem Vogel aus einer seidenen Schriftrolle, die dem Kaiser Hsuan-tsung aus der Ming Dynastie des fünfzehnten Jahrhunderts zugeschrieben wird. Selbst wenn diese - wie einige Gelehrte glauben - eine spätere Kopie ist, zeigt sie dennoch, daß es zumindest ab dem achtzehnten Jahrhundert in China Katzen mit weißen, schwarzen und orangefarbenen Markierungen gab. Wahrscheinlich kamen sie auf dem Landweg über die Seidenroute ins Land.*

Hier hält ein Thai Mönch ein Siam Kätzchen mit deutlich sichtbarem Schwanzknick. Diese Mißbildung, ausgelöst durch verschobene oder fehlende Schwanzwirbel, trifft man bei diesen Katzen in ihrer südostasiatischen Heimat recht häufig. Westliche Züchter haben sie zum schweren Fehler erklärt. In Asien besteht ein enges historisches Band zwischen buddhistischen Mönchen und Katzen, das sicherlich zur weiten Verbreitung und Überleben der orientalischen Katzen wesentlich beigetragen hat.

Südosten Asiens massiv verbreitet sind, ja den Grundtyp der Katze bilden. Diese Disparität wurde in den westlichen Zentren der Katzenzucht völlig ignoriert. Es erscheint geradezu pervers, während bei der Manx das Gen für Kurzschwänzigkeit lethal sein kann, wird es in dieser Rasse gefestigt. Der unschädliche Knick im asiatischen Katzenschwanz wird dagegen mit Ausnahme vom *Bobtail* (siehe S. 148) als schwerer Fehler angesehen.

Der geknickte Schwanz variiert von einem einzelnen Knick bis zu einer komplexen Spirale von Winkeln, ausgelöst durch fehlerhafte Wirbel, die sich häufig untereinander verbinden, wodurch oft ein verkürztes, verdicktes Schwanzende entsteht. Bei einigen Katzenschwänzen ist die Länge des Schwanzes von zweiundzwanzig Schwanzwirbeln auf sieben verkürzt.

Die schönste und zauberhafteste Erklärung der geknickten Schwänze bietet eine alte Thai-Fabel. Danach bot die kaiserliche Siamkatze mit ihrem Schwanz einen sicheren Platz zur Aufbewahrung der Ringe der Prinzessinnen, während sie badeten. Um einiges wirklichkeitsnäher erklärt man das verbreitete Auftreten von geknickten Schwänzen als *Gründereffekt (founder effect)*. Man geht von der Vorstellung aus, daß anfänglich auf dem Seeweg von Ägypten in den Mittleren Osten nur sehr wenige Katzen in den Osten kamen, diese genetische Eigenschaft bei einem dieser Tiere auftrat und sich über die Gesamtpopulation stark verbreitet hat.

Meine eigenen Studien der Katzen in Thailand ergaben, daß 60 % der asiatischen Katzen geknickte Schwänze hatten. Es gibt andere Untersuchungen, danach trifft man von Hongkong an nördlich 30 %, im westlichen Malaysia nach Süden 65 %, in Singapur 70 %. Damit liegt die Vermutung nahe, daß die geknickten Schwänze auf der malaysischen Halbinsel ihren Ursprung haben.

Aufgrund der engen Verbindungen mit Rußland sind auch in einer amerikanischen Stadt geknickte Schwänze verbreitet. Alaska war ursprünglich ein Teil des russischen Kaiserreiches. Ehe es 1867 an die USA verkauft wurde, pflegte seine alte Hauptstadt Sitka enge Handelsverbindungen mit Ostasien - auf diesem Weg kamen die geknickten Katzenschwänze in die Stadt.

VISAVIS: *Holzschnitt von einer* Japanese Bobtail *aus dem neunzehnten Jahrhundert Hiroshige* - Cat Looking at Fields at Asakusa *aus* 100 Views of Edo. *Über viele Jahrhunderte waren Katzen mit dem Adel in Japan eng verbunden. Als nach 1603 Tokugawa als Shogun die Macht übernahm, kontrollierte er den Adel, verlangte, daß die adligen Familien als Geiseln in Tokio leben mußten. Zur gleichen Zeit wurde das aristokratische Symbol des Spazierengehens mit angeleinter Katze verboten. Nachdem man die Katzen frei gelassen hatte, verbreiteten sie sich über weite Gebiete. In vielen Kunstwerken wurden die »Bobtails« portraitiert.*

OBEN: *Auferstehung des alten Ägyptens im modernen Japan: das Innere des Katzentempels Gotoku-ji-Beckoning in Tokio.*

Die Japanese Bobtail

Im sechsten Jahrhundert kam der Buddhismus nach Japan. In seiner Begleitung brachten möglicherweise chinesische und buddhistische Mönche auch die Katze mit ins Land. Es gibt aber auch eine alte Überlieferung, hiernach war es der japanische Kaiser Ichijo, der vor tausend Jahren herrschte und die Katze aus China nach Japan holte.

Dies war eine günstige Zeit für die Ankunft, denn während der sogenannten Heian Periode beherrschte die Ästhetik das höfische Leben, und der Kaiser adelte seine eigene Katze Myobu-no-Omoto. Katzen wurden die Lebensgefährten des Adels, erhielten Kosenamen wie *tama* oder *Juwel*. Die enge Verbindung von Hof und Katze erwies sich als langlebig, denn bis zum siebzehnten Jahrhundert führte die japanische Aristokratie ihre Katzen an Leinen spazieren. Da die Hauskatze so eng mit dem Adel verbunden war, wurde sie in den Volkslegenden mit Mißtrauen bedacht. Nachdem die Katzen aber erst einmal von der Leine befreit waren, wuchsen Zahl und Anhängerschaft. Die lange Isolation Japans verhinderte, daß dieses Land von den westlichen imperialistischen Mächten kolonialisiert wurde, damit auch den Zugang für die *blotched tabby*. Der asiatische Katzenschwanz ist bei der *Japanese Bobtail* am stärksten verkürzt, die Schwanzknochen vereinigen sich häufig zu einer Kurve gerundet, wodurch der Schwanz noch kürzer erscheint. Daß diese *Bobtails* bereits Anfang des neunzehnten Jahrhunderts recht verbreitet waren, zeigen Kuniyoshi's Katzenzeichnungen.

In Japan sind viele Katzen vorwiegend weiß, oft mit gestromter Markierung. Am berühmtesten sind die Kätzinnen mit überwiegend Kattunweiß - *calico* - mit Schildpatt - dreifarbige, in Japan als *mi-ke* bekannt, in der Regel stummelschwänzig. In Tokio traf ich robuste weißschwarze Bobtail-Kater. Sie waren die Väter von Würfen, in denen *mi-ke-Kätzinnen* und zweifarbige Kater lagen, alle mit Stummelschwanz. Wenn man diese Katzen beim Spielen beobachtete, sah es aus, als ob die Zeichnungen von Kuniyoshi, zu neuem Leben erwachten.

Die *Japanese Bobtail* wurde spät anerkannt, es bedurfte des Zweiten Weltkriegs, damit Japan und der Rest der Welt langsam gewahr wurden, daß es sich um eine uralte Katzenrasse handelte. Die amerikanischen Besatzungssoldaten führten Katzenausstellungen durch, aber obgleich die Japaner Interesse an anderen Rassen zeigten, ignorierten sie ihre eigenen Bobtails. Als dann 1968 einige dieser Katzen in die USA kamen, wurden diese von den nordamerikanischen Katzenzuchtorganisationen und später auch vom CFA in Japan anerkannt. Noch immer aber muß die *Japanese Bobtail* noch England und Europa erobern.

Erinnerungen an Bubastis

In Tokio werden weiße Katzenstatuen mit erhobener Pfote zum Kauf angeboten, häufig findet man sie als Glücksbringer in Geschenkboutiquen. In erster Linie kauft man sie, um sie als Opfergabe am *Gotoku-ji Beckoning Cat Tempel* aufzustellen. An den Seiten des Tempels sind kleine Bittgebetsbretter für verlorengegangene oder kranke Katzen aufgehängt. Bei meinen Besuchen im Tempel wurde ich von einer ganzen Anzahl Katzen willkommen geheißen. Der Willkommensgruß einer solchen Katze soll in der Vergangenheit einen vorübergehenden Grundbesitzer gerettet haben. Von der Katze geleitet folgte er ihr in den Tempel, und genau, wo der Adelsmann zuvor stand, schlug plötzlich der Blitz in die Erde. Danach wurde diese Katze als Inkarnation der Göttin der Gnade angesehen.

Im Tempelinneren findet man am Altar entlang Reihen von Katzenstatuen. Buddhistische Mönche in schwarzen und safranfarbenen Gewändern intonieren Gesänge, begleitet von Gongs und Trommeln. Unter dem Schrein der Originalkatze werden die Überreste eingeäscherter Katzen begraben. Obgleich die Katze selbst hier nicht verehrt wird, finden wir innerhalb dieser stillen Stätte starke Erinnerungen an die alte Bubastis.

Red point Himalayan, Nachkomme einer Siam-gezeichneten Katze mit Perser-Körperbau, erstmals 1947 gezüchtet.

9 Neue Rassen

Selbstportrait von Harrison Weir (1824-1905), Katzenillustrator, Vater der Cat Fancy *und Autor von* Our Cats *und* All about Them. *Harrison Weir war auch Experte in Geflügelzucht, Richter auf Geflügel- und Schweineausstellungen. Diese Kombination mannigfaltiger Erfahrungen bildete einen idealen Hintergrund als er zum Pionier der Katzenzucht und des Ausstellens von Katzen wurde. Mit den Katzenausstellungen verfolgte er das Ziel, der Katze zu vermehrter öffentlicher Wertschätzung zu verhelfen.*

Harrison Weir und die erste Katzenausstellung

Kein Mensch hat so nachhaltigen Einfluß auf das Leben unserer Hauskatzen genommen wie Harrison Weir. Er erkannte, daß die Katze schwer gelitten hatte. Nach seinen eigenen Worten lagen »viele Jahre der Vernachlässigung, Mißhandlung und absoluter Grausamkeit« hinter dem Katzenvolk. So begann er damit, Katzenausstellungen zu organisieren.

»... wenn die verschiedenen Rassen, Farben und Markierungen sorgfältig beachtet und gewahrt werden, gewinnt die Katze für ihren Besitzer an Schönheit und Attraktivität, wie nie vorher beobachtet und erkannt, weil nicht darauf geachtet wurde.

Ich hoffte, daß durch diese Ausstellungen die viel zu oft verachtete Katze Aufmerksamkeit und gute Behandlung erfährt, wie sie jedes einfache Tier nach den Prinzipien der Humanität verdient hat.«

Harrison Weir entwarf die Ausschreibung für die erste Ausstellung, sie wurde am 13. Juli 1871 in London im Crystal Palace abgehalten, fand in der Bevölkerung großes Interesse. Weir's *Points of Excellence*, die Rassestandards für das Richten dieser ersten Ausstellung, wurden zur Grundlage aller folgenden Ausstellungen. Hierzu zählte auch die erste offizielle Ausstellung in Amerika, die im Jahre 1895 in *New Yorks Madison Square Garden* stattfand.

Im Jahre 1887 begann die Zuchtbuchführung durch *The National Cat Club*. Ein Zentralregister der Abstammungsnachweise für Katzen wurde aufgebaut. Im Jahre 1910 wurde die Zuchtbuchführung auf den neu gegründeten *Governing Council*

of the Cat Fancy übertragen. In den USA ist heute die *Cat Fancier's Association* (CFA) die maßgebende Zuchtorganisation. Es gibt aber auch noch eine Anzahl weiterer Zuchtclubs.

Neue Perspektiven

Ab 1900 wurden Spezialclubs für die einzelnen Katzenrassen gegründet, als erste die *Silver Society for the new Chinchilla Persians*, 1901 gefolgt von der *Blue Persian Society*. Verstärkter Wettbewerb und von den Clubs ausgelöstes Interesse verschärften die Ansprüche an Katzen, die vom Typ her als *Blue Persians* gefordert wurden. Bei den ersten *Blues* sah man in der Regel grüne Augen, aber ab 1900 konnten Katzen ohne die erwünschten orangefarbenen Augen nicht mehr gewinnen.

Katzen im Ausstellungsring auf einer der ersten Katzenausstellungen im Crystal Palace, London.

Ein paar weiße Haare wurden für die Ausstellungskarriere zum Verhängnis, während man zuvor einen weißen Kehlfleck noch nicht als Nachteil sah.

Die Siam Katze wurde unter den Kurzhaarigen Spitzenausstellungstier, in den USA die populärste Rassekatze. Vier Millionen Siam Katzen gab es, genau doppelt so viele wie Perser Katzen. Die Entwicklung neuer Rassen aus den Siam Katzen dokumentiert das Zuchtmodell unseres Jahrhunderts durch Kreuzungen und Mutationsselektionen.

Himalayan (Colourpoint Longhair)

In England wurde 1947 eine Katze unbekannter Abstammung mit Siammarkierung und Körperbau des Persers in ein Zuchtprogramm von Siam mit Persern einbezogen. Die beschreibend benannte Colourpoint Longhair war entstanden. Züchterische Interessen in Nordamerika in den 1950er Jahren führten zu der romantischen Namensgebung *Himalayans*.

Balinese

Diese Rasse ist eine Siamkatze mit langen Haaren, entstanden durch Rezessivmutation. Vor den 1950er Jahren wurden die in Siam-Würfen gelegentlich auftauchenden Langhaarigen als fehlerhaft ausgemerzt. In den USA erhielt die *Balinese* 1970 Championatsstatus.

Veränderte Colourpoints

Die Färbung der Original Siam Katze, wie sie in den Westen importiert wurde, nannten die Züchter *sealpoint* (Farbe schwarz-braun). Hinter ihrer Genkombination stehen rezessive und auflichtende Gene, hieraus entstanden die neuen »klassischen Farben« *blue* und *chocolate points*, diese wiederum ergaben *lilac*. Die neueren Farben, beispielsweise rot, entstanden durch Auskreuzungen mit nichtsiamesischen Katzen, in diesem

Fall mit einer *red tabby*. Alle diese sind als eigene Siamtypen in England anerkannt, nicht aber in Amerika, wo man sie *Colourpoint Shorthairs* nennt. Ich habe aber selbst unter den heutigen Thai Tempelkatzen *tabby* und *tortie point Siamese* angetroffen. Überläßt man die Farbzucht sich selbst, entstehen oft solche Farben ganz natürlich.

Tonkinese

Dies ist der neue Name einer alten Katzenrasse, die wieder erfunden wurde. In den 1960er Jahren wurde aus einer Kreuzung zwischen Siam und Burma Katze in Kanada die

VISAVIS: *Die Balinese ist eine langhaarige Siam Katze. Ursprünglich wurden solche Kätzchen als fehlerhaft ausgemerzt, heute sind sie außerordentlich geschätzt.*

OBEN: *Verborgen in den Genen der in den Westen verbrachten* sealpoint Siamese *lagen rezessive Gene für Auflichtungen. Hieraus entstanden die neuen »klassischen Farben«* chocolate, blue *und* lilac. *Dies ist eine* chocolate point, *ursprünglich von den Züchtern weniger geschätzt. Man beschrieb sie als* »poor seal«.

Tonkinese gezüchtet. Ihre unvollständige Färbung gleicht der der südostasiatischen *Coppers*. Nach den genetischen Gesetzen ein unerwartetes Ergebnis, da die Farbe sonst von dominanten oder rezessiven Genen bestimmt ist (siehe S. 99). Die entstandene Zwischenfarbe ist Ergebnis eines genetischen Gesetzes, das man als *incomplete dominance* bezeichnet.

Forschungen über die gefleckte Katze

Eine Studie über den Ursprung der gefleckten Katze wurde durchgeführt. Diese Frage bedurfte aufgrund einer lange Jahre verschleppten Anerkennung der ältesten natürlichen Katzenrasse der Klärung. Die Straßen von Kairo sind die Heimat der

OBEN: *Eine Tonkinese testet die Reflexe ihrer Spielzeugmaus. Diese Rasse wurde in den sechziger Jahren aus Kreuzungen Siam mit Burma erzielt. Sie ähnelt aber der bereits sehr alten* Copper Cat, *die in Südostasien lebt.*

VISAVIS: *Die ägyptische Mau Katze repräsentiert die älteste natürliche Katzenrasse. Ironischerweise wurde sie erst vor kurzer Zeit als eigene Rasse anerkannt.*

schönsten gefleckten Tabbies mit goldbronzen farbenen Körpern. Einige sind Hauskatzen, andere führen ein freies Leben. Prinzessin Natalia Troubetskoye in Rom erhielt aus Ägypten eine silbergefleckte Kätzin, diese paarte die Prinzessin mit einem schon in Rom ortsansässigen ägyptischen *smoke spotted* Kater. Aus dieser Paarung entstanden zwei bronzefarbene, gefleckte Kätzchen, diese nannte sie Ägyptische Mau. Erst vor einundzwanzig Jahren wurde der Mau Katze in Nordamerika der Championatsstatus zugebilligt. Eine Ironie der Geschichte, denn diese Katzen können ihre Abstammung bis in die allerersten Anfänge der Domestikation im alten Ägypten zurückführen.

OBEN: Chocolate Oriental Spotted Tabbies *entstanden bei dem Versuch, die Katzen des alten Ägyptens wieder zu erwecken.*

RECHTS: *Mitte der achtziger Jahre wurde durch den amerikanischen Katzenzüchter und Schriftsteller Paul Casey die* California Spangled *geschaffen. Populär wurde diese Katze über den Weihnachtskatalog des Hauses Neiman Marcus. Casey hatte diese Linie gezüchtet, um die Nachfrage nach gefleckten Katzen zufriedenzustellen, den Druck auf die Wildarten zu mindern.*

Flecken für die Ladies! Bengal Katzen mit ihren Besitzerinnen. Dieser Rasse sagt man nach, sie habe von allen ihren Vorfahren das Beste aus weiten Teilen der Welt vereinigt. Das Fell der Wildkatze mit dem Charakter der domestizierten Katzen.

Die *Oriental Spotted Tabby* wurde durch einen englischen Zuchtversuch auf Katzen mit dem Aussehen der alten ägyptischen Katzen wiedererweckt, Ausgangsmaterial war eine Tabby von Siamtyp. In Amerika kreuzte man Siam und Abyssinier, hieraus entstand ein Kätzchen mit ozelot ähnlicher Flekkung - die erste *Ocicat.*

Leoparden für das Wohnzimmer

Am Weihnachtsabend des Jahres 1986 wurde eine neue Katzenrasse - die *California Spangled* - bekannt, die ein amerikanischer Supermarkt namens Neiman Marcus lancierte. Dieser Markt bot als prestigeträchtiges Weihnachtsgeschenk neue gefleckte Katzen zu einem Preis von $ 1.400 an. Diese Art des Katzenverkaufs führte zu Proteststürmen all jener, die dagegen Front machen, Tiere als Statussymbole zu vermarkten.

Bengal Katzen und andere wilde Katzenhybriden

Eine neue amerikanische Zucht - die *Bengal cat* - zeigt weitgehend das gefleckte Wildkatzenmuster, sie stammt aus der Kreuzung einer echten Wildkatze, der *leopard cat (Felis bengalensis)* mit gefleckten verwilderten Katzen. Auf der Katzenausstellung 1991 der TICA (The International Cat Association) war sie eine der populärsten Rassen - solche Hybriden gab es aber auch bereits 1889 im Zoo von London. Es ist bemerkenswert, die meisten Wildkatzen zeugen mit Hauskatzen solche Hybriden. Die Kreuzung einer englischen Wildkatze mit einer Hauskatze gewann bereits 1873 auf der Crystal Palace Show den ersten Preis in der Klasse für *Spotted Tabby.* Auch in jüngerer Zeit entstanden aus Zuchtexperimenten weitere Hybriden. Man muß wissen, daß diese Hybriden leider recht aggressiv sind. Züchter der *Bengal cat* behaupten jedoch, sie hätten es geschafft, die Fellmerkmale der Wildkatze zu festigen, ohne dabei das liebenswerte Verhalten der domestizierten Katze zu verlieren.

Eine lange, schlanke, moderne englische Siamkatze mit Kätzchen. In den USA wurde die Zerbrechlichkeit und Eleganz des Körpers so übertrieben, daß die Ausstellungsrasse völlig zusammenbrach.

10 Züchten um des Züchtens willen?

N*och einmal muß ich Sie erinnern, daß ... EINE KATZE EINE KATZE IST!"* Dies schrieb T.S. Eliot in seinem *Old Possum's Book of Practical Cats.* Und wann ist eine Katze keine Katze? Wenn man sie zu sehr verändert. Über die ganze Geschichte übte der Mensch seine Hundezucht sehr kontrolliert aus, wählte Mutationen, die für eine bestimmte Arbeitsaufgabe nützlich erschienen. Als dann aber die Zuchtwahl rein nach Ausstellungskriterien erfolgte, kam es zu einer genetischen Katastrophe. Bei den Katzenrassen wurden körperliche Mutationen, die früher ausgemerzt wurden, jetzt weiter entwickelt, einzig und allein der Unterschiede wegen. Nicht alle diese Merkmale schaden wirklich, aber einige davon wurden nur zu Lasten der Katze weitergeführt.

Der Zusammenbruch der American Siamese

Der Körperbau der Siam Katze wurde zu Extremen gezüchtet. Bis etwa 1980 war die Siam Katze in Nordamerika auf Ausstellungen die populärste Kurzhaar Katze. Aber das Undenkbare ereignete sich, auf den wichtigsten amerikanischen Ausstellungen der CFA und TICA des Jahres 1991 wurden nur noch wenige Siam vorgestellt. Was war schiefgelaufen?

Amerikanische wie englische Züchter versuchten, die echte Siam Katze immer mehr in eine - *fremdländische - foreign cat* - als in ein Wesen aus Fleisch und Blut zu verwandeln. Sie wählten für die Zucht immer wieder noch längere, dünnere, leichter gebaute Tiere. Entgegen der historischen Echtheit ver-

langten die Ausstellungsstandards in den USA eine - *verfeinerte* - *dainty* - Katze. Immer zerbrechlichere Tiere wurden bevorzugt, mit langen, schwachen, keilförmigen Köpfen, bei flachem Vorgesicht. Schließlich wurde der Punkt erreicht, daß die Ausstellungsrasse nicht mehr weiter verfälscht werden konnte, katastrophal zusammenbrach. Denn diese genetisch schwachen Katzen waren allen Krankheiten ausgeliefert, ihre Zucht wurde immer schwieriger und unwirtschaftlicher.

Viki Markstein von der TICA und Richard Gebhardt, Ex-Präsident der CFA, sind überzeugt, daß wären die USA dem englischen Beispiel gefolgt, hätten aber andere colorpoint Rassen als Siamesen einbezogen, wäre dieses Unglück durch die breitere genetische Grundlage vermieden worden. Aber hätte das wirklich ausgereicht? Die Linien wurden viel zu sehr verengt. Man hätte wesentlich mehr das Original dieser Rasse sehen müssen. Ausstellungskatzen brauchen eine genetische Blutauffrischung - *shot in the arm* - möglichst von der natürlich gebliebenen Rasse in Thailand - zumindest aus robusten Familienkatzen-Linien der Siam.

Es gibt einen beachtlichen Unterschied zwischen der heutigen pekingesengesichtigen Perser Katze (links) *und ihren Vorfahren aus dem neunzehnten Jahrhundert, die viel klarere und funktionellere Merkmale aufweisen.* (oben).

Die pekingesengesichtige Perser Katze

Die Verkürzung der Nasenlänge in Richtung auf eine pekingesengesichtige Perser Katze hat nach Ansicht einiger amerikanischer Züchter das Extrem erreicht. Die englischen Katzenzüchter sehen darin eine Übertypisierung - mit anderen Worten, man ist viel zu weit gegangen!

Im Standard der CFA ist gefordert: »Die Nase sollte sehr kurz und zusammengedrückt sein oder zwischen den Augen liegen. Das Maul zeigt eindeutig Falten.« Es ist außerordentlich schwierig, diese Kopfform zu züchten, ohne daß die Tiere unter Atemschwierigkeiten und fehlerhaften Zähnen zu leiden haben.

Selbst Katzen von gutem Typ neigen zu »laufenden Augen«, weil die Tränenkanäle zur Nase zusammengedrückt sind. Dies ist eine Zucht, die viel zu weit gegangen ist. Trotzdem gewinnen solche Katzen noch immer Spitzenplätze auf amerikanischen Ausstellungen.

Scottish Fold und American Curl

Hat man einer genetischen Abnormität erst einmal einen Namen gegeben, kann daraus sogar eine neue Rasse entstehen. Im Jahre 1960 sah ein Schäfer in Perthshire, daß die Ohren einer Farmkatze nach vorne gefaltet flach am Kopf anlagen. Aus einem Kätzchen baute er eine eigene Zuchtlinie auf.

Die gefalteten Ohren verleihen der Katze einen andauernd bekümmerten Ausdruck. Die Paarungen erfolgen mit Katzen mit normalen Ohren. Paart man nämlich Katzen mit Faltohren untereinander, entwickeln Kätzchen, die von beiden Eltern das Gen für gefaltetes Ohr tragen, ein übermäßig dickes Knorpelwachstum um die Gelenke, es kommt zu Verdickungen des Schwanzes und geschwollenen Pfoten.

Der Verlust von Schlüsselmerkmalen der Katze veranlaßten die GCCF, Eintragungen zu verweigern. Die Begründung lautete, daß das gefaltete Ohr gegen Ohrmilben und Taubheit anfällig sei. Aber derartige Bedenken kümmerte die CFA wenig, 1978 wurde dieser Rasse Championatsstatus eingeräumt. Amerika wurde zum Zuchtzentrum, während England und ganz

Europa dabei blieben, gefaltete Ohren als Abnormität anzusehen, die nicht noch gefördert werden sollte. Solcher Entwicklung hart auf den Fersen ist die *American Curl*. Im Jahre 1981 bezauberte eine Streunerkatze in Kalifornien ihre neuen Besitzer durch ihre ungewöhnlich nach oben gebogenen Ohren. Eine vorläufige Zulassung durch Amerikas Katzenzuchtorganisationen TICA und CFA folgte schnellstens.

Eine Scottish Fold *Mutter mit Kätzchen. Werden* Scottish Folds *nicht mit normalohrigen Katzen gepaart, kommt es in den Gelenken, an Schwanz und Pfoten zu ungewünschten Abnormitäten.*

Die American Curl. *Rassen wie diese und die* Scottish Fold *werden offensichtlich in den USA bereitwilliger akzeptiert als in England und Europa.*

Die Manx Katze

Es gibt zwei anerkannte Katzenrassen mit Stummelschwanz. Dabei ist bei der *Manx* die Schwanzverkürzung Folge eines unvollständig dominanten Gens, bei der *Japanese Bobtail* ist ein rezessives Gen Auslöser. Nicht alle Manx Katzen werden in der gewünschten stummelschwänzigen Ausstellungsform geboren, es gibt hier verschiedene Grade der Schwanzlänge, in England aufgeteilt in *rumpy-risers, stumpies* und *longies*. Da gibt es zwar eine reizvolle folkloristische Erzählung - eine Ballade. Danach soll diese Schwanzverstümmelung entstanden sein, als 1588 eine Katze von einem Schiffswrack der spanischen Armada sich ins Meer stürzte. Wahrscheinlich ist aber, daß diese Mutation erstmalig auf der *Isle of Man* auftrat. Die Isolation der Katzenbevölkerung auf dieser Insel hat es dann möglich gemacht, daß sich dieses Gen stabilisierte.

Wird dieses Manx Gen zur Schwanzverkürzung von beiden Elterntieren vererbt, bewirkt dies, daß die Kätzchen schon vor

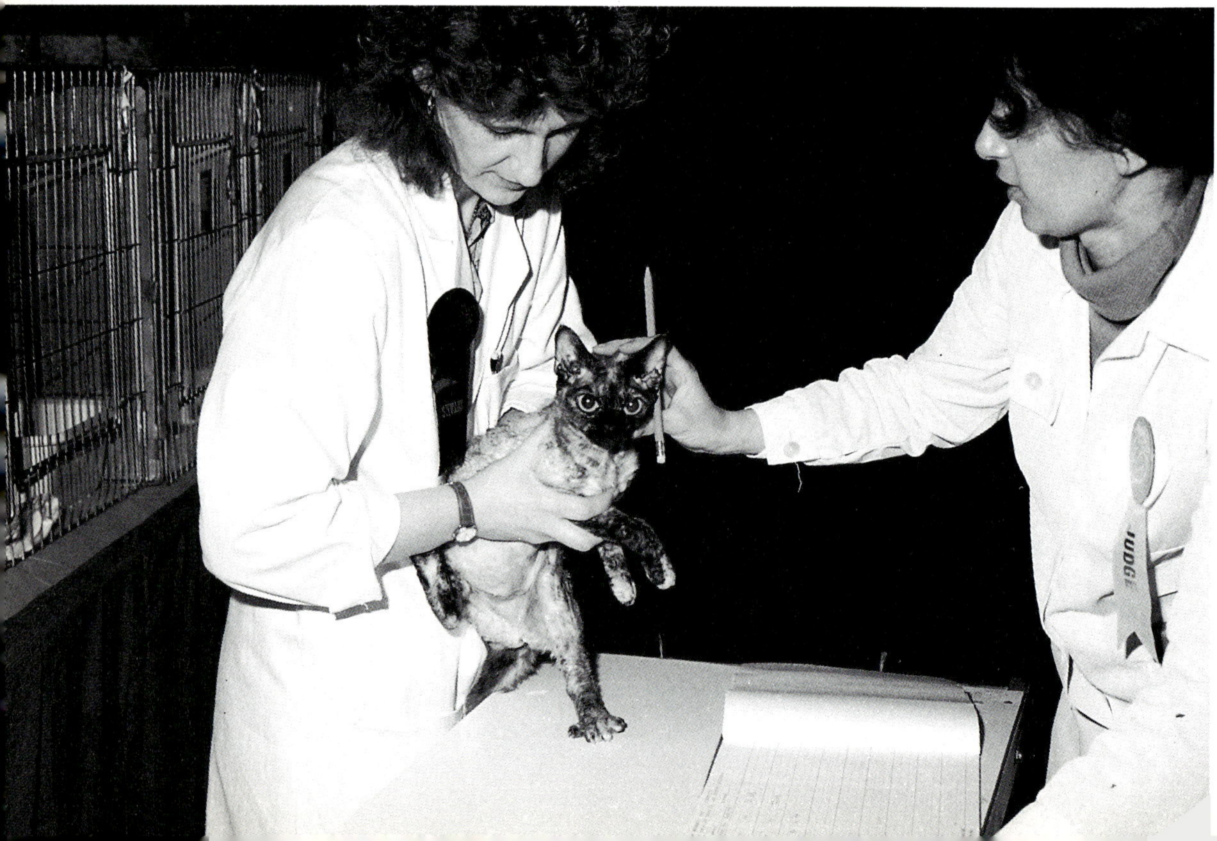

Die Rex Katze, *bedauernswerter Krüppel oder erwünschte Neuzüchtung? Es gibt verschiedene Arten der Rex Mutation, alle bewirken ein gekräuselt aussehendes Fell. Hier wird eine* Rex Devon *gerichtet.*

der Geburt sterben. Eines von vier Embryonen aus einer Paarung Manx mit Manx entwickelt sich gar nicht. Die Manx Gene beeinträchtigen häufig Wirbelsäule und Becken, oft kommt es zu *spina bifida* verschiedener Grade. Nur die Tatsache, daß es sich bei der Manx um eine historische Rasse handelt, hat uns abgehalten, zu kritisch über dieses gefährliche Gen und neuer auftretende Abnormitäten nachzudenken.

Die Rex Katzen

Während die Rex Katzen für ihre Bewunderer dank ihres einzigartig kurzen, gekräuselten Fells ganz besondere Tiere sind, wirken sie auf ihre Gegner genau als das, was man als »Katzenkrüppel« bezeichnet! Als Anfang der 1930er Jahre die ersten Berichte über Rex Katzen veröffentlicht wurden, sprach man von Katzenkrüppeln - Anfang der 1950er Jahre änderten sich die Einstellungen, man sah in ihnen neues Zuchtpotential.

Die erste anerkannte Rex wurde 1950 in Cornwall geboren; das Merkmal Kräuselfell erwies sich genetisch als rezessiv. 1951 gab es eine deutsche Rex, die ersten amerikanischen 1953 in Ohio und 1959 in Oregon. Im Jahre 1960 stoßen wir dann in Devon auf eine zweite *English Rex*, der ersten sehr ähnlich. Anfangs glaubte man, bei beiden Rassen handele es sich um die gleiche. Paarte man aber die *Devon Rex* mit der *Cornish Rex*, entstanden immer nur Kätzchen mit völlig normalem Fell. Trotz ihrer geographischen Nähe war jedes dieser Rex-Elternteile Ergebnis eines anderen Gen. Es zeigte sich aber, daß die deutschen und die cornish Rexes gleiche Gene aufweisen, denn miteinander gepaart brachten sie Rex-Kätzchen. Diese Rassen sind deshalb nur verschiedene genetische Typen.

Warum sieht das Fell der Rex Katze so anders aus als das anderer Katzen? Das normale Katzenfell besteht aus drei Teilen - den großen, langen *Grannen,* die über das Fell hinausragen und den *Oberhaaren*, die man als eigentliches Katzenfell sieht; hinzu kommt die kurze, dichte *Unterwolle*. Auch die Devon Rex hat alle drei Haararten, aber schwerwiegend verändert. Bei der *Cornish, German* und *Oregon* fehlen die Grannen. Das Haar der *Devon Rex* ist zerbrechlicher, die Haarwurzel, mit der jedes Haar in die Haut eingebettet ist, kleiner. Das Ergebnis ist, recht häufig werden Haare herausgeleckt, entstehen kahle Stellen. In der Wildnis hat eine fast nackte Katze wenig Überlebenschancen, selbst als Hauskatzen sind Rex Katzen Temperaturschwankungen gegenüber sehr anfällig.

Im Jahre 1987 kam in Amerika eine neue Rex-Mutation auf. In zweierlei Hinsicht ist die *Selkirk Rex* völlig anders: Zuchtgrundlage sind ein dominantes Gen und ein dickes, gelocktes, mittellanges Fell. Bei all jenen, die andere Rex Katzen nicht mögen, könnten dieses plüschartige Fell, kräftiger Körperbau und vornehm gerollte Schnurrhaare Sympathien wecken.

Die Sphynx

Dies ist eine Katze ohne Katzenschnurrhaare - sie hat überhaupt keine Barthaare. Wenn schon das degenerierte Haarkleid der Rex Katzen Menschen beunruhigt, ist für die meisten die völlige Nacktheit der Sphynx-Nacktkatze eine Abnormität. Selbst die Sphynx-Züchter bezeichnen das Äußere als für eine Katze *fremdartig - alien*. Daß einige Züchter ein so vom Schicksal geschlagenes Tier vermehren, verletzt viele Katzenliebhaber zutiefst. Ein in Ontario im Jahre 1966 geborenes haarloses Kätzchen ermöglichte eine Zuchtlinie, die von eini-

Die haarlose Sphynx wäre völlig unfähig, selbständig zu überleben. Deshalb ist sie voll auf Menschen angewiesen.

gen nordamerikanischen Zuchtorganisationen als Rasse anerkannt wurde.

Diese Mutation mag in heißen Klimazonen eine ehrbare geschichtliche Parallele haben, etwa in der alten mexikanischen Nacktkatze. So wurde Mr. und Mrs. Shinick aus Albuquerque in New Mexiko 1902 von eingeborenen Indianerstämmen ein Paar haarlose Katzen geschenkt. Jesuiten, die bei den Indianern lebten, erzählten, daß diese Katzen die letzten der alten Aztekenrasse gewesen seien.

Die Munchkin

Diese befremdliche, stummelbeinige Katze ist der neueste Mutant, der durch den Katzenzirkus Amerikas stolpert. Ausgelöst wurde diese Erscheinung durch ein identisches Gen, dem Corgis und Dachshunde ihre kurzen Läufe verdanken, so sieht es die Genetikerin Solveig Pflueger. Die Rasse stammt von zwei kurzbeinigen, 1983 aufgegriffenen streunenden Katzen. Die Mutation muß aber schon früher aufgetreten sein, denn bereits in den 1940er Jahren wird sie im *Veterinary Record* in England als »sich wieselähnlich fortbewegend, im übrigen aber normal« beschrieben. Die heutige Katze bewegt sich ebenso. Diese

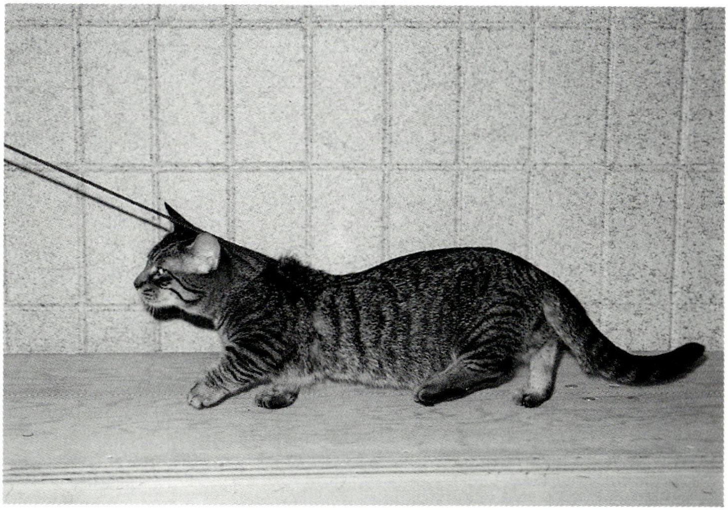

Die kurzen Beine der Munchkin werden von den gleichen Genen ausgelöst, die Dachshunde und Corgis so gemacht haben wie sie sind. Ist dies ein Ausblick auf die Zukunft unserer Katzen?

Zucht wurde erstmals 1991 auf der Madison Square Garden Show der TICA ausgestellt. Sie fand viel öffentliches Interesse, aber bei den Katzenliebhabern deutliche Zurückhaltung.

Der Tag der Riesenkatze?

Sehr viel des Reizes unserer bezaubernden Katzen liegt in ihrer natürlichen Grazie und Eleganz. Eine neue Bewegung in Richtung der Groteske um der Groteske willen ist alarmierend. Was wird dies die Katze kosten? Irgend jemand wird zu irgendeiner Zeit in der Welt dank einer neuen Genkombination eine kahle, flachnasige, flachohrige, kurzbeinige und dünne Katze ohne Schwanz anbieten. Vielleicht unterliegt er der schrecklichen Vorstellung, daß weil etwas möglich ist, es auch richtig sei! Manchmal gewinnt man den Eindruck, daß die Katze in akuter Gefahr steht, einmal eine gleiche Vielfalt an Formen und Grössen aufzuweisen wie die Hundewelt - mit allen damit verbundenen genetischen Problemen.

Glücklicherweise ist die Größe der Katze bisher ein fester Parameter, der sich noch nicht wesentlich verändert hat. Sicherlich ist aber alles nur eine Frage der Zeit, wie weit man mit Manipulationstechniken Mutationen oder genetische Veränderungen auslösen kann. Die Vorstellung einer Hauskatze in der Größe eines Löwen ist nervenzerfetzend. Aber die Hybriden, entstanden aus Paarungen von Hauskatze mit Wildkatze, die bereits vorhanden sind, könnten durchaus ein wichtiger Schritt in diese Richtung sein. Heute akzeptieren wir Rottweiler als Familienhunde, trotz zeitweiser genetischer Selektion auf Aggression. Stehen wir damit auch einer unausweichlichen Gefährdung durch riesige Hauskatzen gegenüber, die in unserer Nachbarschaft umherstreifen?

Die Schattenseiten der Zucht

Einundzwanzig Jahre nachdem Harrison Weir die Katzenzuchtorganisationen gegründet hatte schrieb er voller Trauer: »Ich mußte erfahren, daß die Absichten vieler Mitglieder nicht darin bestanden, das Wohlergehen der Katzen zu fördern, vielmehr wollten sie Preise gewinnen. Ich habe das Richten von Katzen

Hat sich die vernünftige Idee von Harrison Weir, Katzen über Ausstellungen zu rehabilitieren, ins Gegenteil verkehrt? Die Züchter haben einige wunderschöne Katzen hervorgebracht, aber das Richten auf Ausstellungen führte dazu, daß die Zucht zuweilen in Extreme führt. Für die Katze könnten am Ende eine gefährdete Gesundheit und genetische Probleme stehen.

aufgegeben, weil ich einfach nicht länger in engem Kontakt mit derartigen *Katzenliebhabern* stehen wollte.«

Glücklicherweise ist heute in den USA die Katze - als *moggie* oder *mutt* allgemein bekannt - noch immer die unverfälschte Feld-, Wald- und Wiesenkatze. Aber mit wachsendem Anteil der Rassekatzen vermehrt sich auch der Populationsanteil, der unter genetischen Problemen zu leiden hat. Der Genetiker Roy Robinson hat festgestellt, daß wenn Rassen extrem populär werden, »eine Versuchung entsteht, mit jedem Tier zu züchten, selbst mit Tieren, die im Normalfall aus jeder Zucht ausgeschlossen würden.« Katzenausstellungen haben wunderschöne Katzen hervorgebracht, das kann man überhaupt nicht leugnen, aber gerade das strenge System, die Zucht auf einzelne Standardanforderungen auszurichten, hat zu Extremen geführt. Wenn die Grundlagen, auf denen einige neue Rassen

anerkannt wurden, im Auftreten ernsthafter Defekte bestehen, ist sicherlich eine Pause und sorgfältiges Nachdenken angezeigt, ehe die Welt unserer Hauskatzen voller genetischer Probleme steckt.

Obwohl verantwortungsbewußte Mitglieder der Katzenzuchtorganisationen versuchen, solche Exzesse zu unterbinden, schafft züchterische Auswahl in den Rassen immer Probleme. Wenn man bestimmte Rassenmerkmale festigen möchte, ist Inzucht erforderlich. Den dabei entstehenden Tieren fehlt es aber an der reichen genetischen Vielfalt der Feld-, Wald- und Wiesenkatze, woraus diese Gesundheit und Vitalität schöpft.

Die Ausstellungsrichter sollten Extreme meiden! Wenn der Rassestandard eine kurze Nase verlangt, sollte diese kürzer als bei anderen Rassen sein - niemals darf aber die kürzeste Nase über den Sieg entscheiden. Richard Gebhardt, über lange Jahre Präsident und Chairman der *Cat Fancier's Association*, sieht dies so: »Über viele Jahre hat die CFA die Haltung eingenommen, daß für eine Rasse entscheidend ist, woraus sie gezüchtet wurde, nicht ob sie besonders attraktiv aussah. Heute haben sorgfältige Studien und wachsendes Interesse, verbunden mit genetischem Wissen, einiges dieses früheren Denkens verändert.«

Das unveränderte Vorhandensein alter Rassen in ihren Ursprungsländern, der Ägyptischen Katze, der Angora und der Siam Katze, beweist, daß Katzenrassen zu überleben vermögen, wenn man ihnen eine gewisse genetische Freiheit einräumt. Es ist grotesk, daß die meisten Katzenzüchter von der Authentizität der *Egyptian Mau* sich sehr viel leichter durch Championat und amerikanische Abstammungspapiere überzeugen lassen als von den tatsächlichen Verhältnissen in den Straßen von Kairo. Gerade durch fortwährende Auswahl nach Standardgesichtspunkten entfernt sich die Ausstellungskatze immer mehr von der natürlichen Rasse.

Warum aber möchten einige Züchter Extremformen erreichen, selbst wenn sie den Gesundheitsinteressen der Tiere entgegenstehen? Das flache Gesicht und die großen Augen der Perser Katze sind außerordentlich attraktiv. Diese Formen bewahren die süßen Gesichter kleiner Kätzchen. Der großartige Katzenillustrator Louis Wain aus den Zeiten von Königin

Der Künstler Louis Wain (1860-1939) war für seine vermenschlichenden Portraits kätzchengesichtiger Katzen berühmt. Damit befriedigte er die inneren Erwartungen der Katzenbesitzer, die in ihren Katzen Ersatzkinder sahen, die nie erwachsen wurden. Der Titel dieses Gemäldes lautet The Cat's Tea Party.

Viktoria und König Edward machte seine großartige Karriere, weil er immer die großen Augen und flachen Gesichter junger Perser Katzen zeichnete. Er verdankte seine Popularität der Tatsache, daß er die Gefühle vieler Katzenbesitzer für ihre Ersatzkindern portraitierte, die - wie Peter Pan - nie erwachsen werden.

Es ist eine Fortsetzung der Umwandlungen, die sich im Rahmen der Domestikation ergaben, weil besonders jugendliche Merkmale bei den ausgewachsenen Tieren begehrt wurden. Und wie weit dürfen wir dabei gehen? Vor nicht langer Zeit kam in Kalifornien eine Rasse auf, welche die äußerste Verleugnung des Charakters der Katze zu repräsentieren scheint, die *Rag Doll - Lumpen Puppe*. Ihren Namen erhielt die Katze durch ihre Gewohnheit, sich beim Hochnehmen völlig schlaff hängen zu lassen. Sie wurde als die gelehrigste und fügsamste Katze bezeichnet. Endlich hatte man ein lebendes Weichspielzeug für die Wohnung im Wolkenkratzer - eine Kissenkatze, ein Designer Accessoir. Die Sphynx verfügt über eine angezüchtete Abhängigkeit, sie braucht ständige Wärme. Die moderne Ausstellungsperser-Katze muß täglich gekämmt werden, andernfalls verfilzt ihr Haar stark. Die Jahrhunderte alte Unabhängigkeit der Katze wurde geopfert, um sie zum abhängigen Spielzeug zu machen, das ohne Schutz und laufende Pflege durch den Menschen nicht zu leben vermag.

Natürliche Zucht, auf Funktionen abgestellt, schenkte uns eine gesunde, gut aussehende Katze. Heute, nach einem nur kurzen Zeitraum unter menschlicher Kontrolle, laufen wir Gefahr, die Katze zu ruinieren. Wenn man ein Tier von solcher natürlichen Perfektion verändert, dann sind die meisten Änderungen keine Verbesserungen, insbesondere wenn das Kriterium für die Zuchtwahl *Seltsamkeit* ist. Ein Rassestandard, der die Fitneß der Katze beeinträchtigt, sollte, wenn er für eine Rasse vorgeschlagen wird, abgelehnt werden. Der Ausstellungsring hat uns so wunderschöne Katzen wie die Somali und die Balinese geschenkt. Die gleichen Katzen finden wir aber auch aus natürlicher Zucht mit leicht künstlicher Selektion rund um die Welt.

Unsere Hauskatzen haben sich immer selbst um ihre Vermehrung gekümmert. Heute können dies aber immer weniger, denn bis zu 90 % unserer Hauskatzen sind kastriert. Verwilderte Katzen paaren sich häufig mit Hauskatzen, aber über die letzten zehn Jahre wurde auch von verschiedenen Tierschutzorganisationen in England und USA nachhaltig das Kastrieren verwilderter Katzenbestände betrieben. Da hierdurch zwangsläufig Rassekatzen zu einem immer größeren Bestandteil der Katzenbevölkerung werden, kann die traditionelle Robustheit unserer alten Hauskatze trotzdem die Zukunft der Katze retten?

Ist dies die Krone der Katzenzucht? Die Rag Doll, *hier vorgestellt von ihrer kalifornischen* Erfinderin, *läßt sich völlig schlaff hängen, wenn man sie hochhebt.*

Mensch und Katze

Eine perfekte Partnerschaft: Wärme und Bequemlichkeit für die Katze, Abbau von Streß für den Katzenbesitzer.

Katzen-Tierschutz um die Jahrhundertwende für verirrte und hungernde Katzen. Der Karren der Royal London Institution for Lost and Starving Cats, *etwa 1903.*

11 Der Preis der Abhängigkeit

Die Welt Mensch/Katze besteht aus drei völlig verschiedenen und voneinander getrennten Welten: Ausstellungskatzen und Züchter, Fütterer und Fallensteller von verwilderten Katzen und normale Hauskatzenbesitzer. Sie alle verfolgen ein gemeinsames Ziel, die Katze abhängig zu machen!

Tierschutz und Katze

Im großen und ganzen scheint der Tierschutz ein modernes Phänomen zu sein. Aber Englands *Cats Protection League* ist mehr als sechzig Jahre alt, bereits um die Jahrhundertwende gab es in London eine Reihe von Katzenzufluchtstätten.

New Jersey's Associated Humane Societies bauten als Alternative zum Töten streunender Katzen ein eigenes Rettungssystem auf. Man kann eine Katze sozusagen über ein Videoband adoptieren, zahlt für sie dann an das Tierheim regelmäßig Unterhalt.

Gegen verwilderte Katzengruppen gibt es neue Methoden. Wann immer eine Katzenkolonie zerstört wurde, füllte das daraus entstandene Vakuum sich schnell durch andere Katzen. Das Kastrieren der Katzen und Rückführung zum alten Standort vermeidet dies, kontrolliert die Population trotzdem. Ein Urlaubsaufenthalt der Engländerin Helena Sanders in Venedig führte zu einer fünfundzwanzig Jahre dauernden Spendenaktion für den Katzentierschutz der Stadt. Streunende Katzen wurden vor allem durch DINGO, eine von Mrs. Sanders und ihren Freunden gegründete Anglo-Venezianische Katzenhilfe, auf erträgliche Zahlen zurückgeführt.

Das »Retten« verwilderter Katzen, das im großen und ganzen durch Einkerkerung in kleine Käfige erfolgt, dokumentiert keinerlei Verständnis für diese Tiere. Von kleinen Pappkartons in London bis zu hölzernen »Katzen-Eigentumswohnungen« in San Francisco gibt es weltweit zeitweilige Unterkünfte für freigeborenen Katzennachwuchs, bereitgestellt von Menschen, die glauben, die Katze sei ein Haustier, das ohne ihre Hilfe nicht überleben könne.

Zusammenleben mit Katzen

In England leben heute nahezu sieben Millionen Katzen. Nach den Statistiken der Futtermittelindustrie gibt es in den USA 51 bis 57 Millionen Katzen. Über die 1980er Jahre hat sich der Katzenbestand in beiden Ländern um erstaunliche 30 % erhöht. Warum?

Im Südosten Englands halten immer mehr Yuppies akademischer Gruppierungen Katzen anstatt andere Tiere. Menschen in kleinen Appartements, mit wenig Raum und wenig Zeit zum Spazierengehen mit Hunden, können stattdessen eine Katze streicheln. Und Menschen, die tagsüber zur Arbeit unterwegs sind, halten häufig zwei Katzen, eine zur Gesellschaft der anderen. Heute haben 35 % der englischen und 42 % der amerikanischen katzenbesitzenden Haushalte jeweils zwei Katzen.

Aber warum hält man überhaupt Haustiere? Für viele Menschen - einschließlich der modernen Yuppies - spielen sie die Rolle eines anspruchslosen, immer Kind bleibenden Wesens, das leicht zu betreuen ist.

Viele berufstätige Paare verschieben heutzutage häufig den Kinderwunsch, besonders die Katze dient als Ersatz. Wunsch nach Gesellschaft steht an der Spitze der Gründe, warum Tierliebhaber eine Katze möchten. Bei dem heutigen Arbeitsdruck, zerbrechenden Ehen und vielen alleinlebenden Menschen besteht ein großes Bedürfnis nach einem Gefährten, der Ruhe ausstrahlt. Die Katze ist nahezu der Wunschtraum jedes Therapeuten!

Haustierhalter scheinen länger zu leben als Nichthaustierbesitzer. Das Streicheln einer Katze vermindert den Streß, senkt den Blutdruck. Untersuchungen von Menschen, die Katzen in ihr Leben aufgenommen haben, beweisen, daß innerhalb Jahresfrist die neuen Besitzer sich weniger ängstlich, einsam oder

Oben: *In Boca Raton, Florida, sichern menschliche Aktivitäten, daß im Stich gelassene oder ausgesetzte Katzen Pflege und Zuneigung finden.*

Links: *Ältere Menschen und Katzen bilden häufig eine enge Lebensgemeinschaft.*

depressiv fühlen. In Altenheimen oder Krankenhäusern lebende ältere Menschen oder Patienten haben durch eine Katze besondere Vorteile, denn sie ermöglicht ihnen, mehr Kontakte zu finden.

Wie gut sind wir Menschen für Katzen?

Eine amerikanische Studie hat ergeben, daß ein Drittel aller Liebhaberkatzen übergewichtig sind. Schuld hat die Futtermittelindustrie, die alles daransetzt, das Futter besonders schmackhaft zu machen, um ihren Absatz zu vergrößern. Tierbesitzer lieben es, ihren Katzen Futter zu kaufen, das sie begeistert fressen, geben ihnen häufig mehr als vernünftig und gesund ist.

Amerikanische Katzen verzehren jährlich industriell hergestelltes Katzenfutter im Wert von 2,75 Billionen $, die englischen Katzen erhalten Katzenfutter im Wert von 480 Millionen £. Untersuchungen ergaben, daß wir in England jährlich 70 £ für Katzenfutter ausgeben, während die Amerikaner nur 50 $ aufwenden, ein Drittel von dem, was der Engländer für seine Hauskatze übrig hat. Vielleicht kaufen die Amerikaner mehr Frischfutter oder geben ihren Katzen mehr Überbleibsel vom Tisch.

Selbstgefangene Nahrung wie Mäuse bilden eine ausgewogene Nahrung, aber die menschliche Kost ist für Katzen nicht geeignet. Die Minimum-Proteinforderung einer ausgewachsenen Katze liegt viermal höher als die eines Hundes oder unsere eigene, ohne bestimmte Aminosäuren wird eine Katze krank. Gibt es im Futter nicht ausreichend Argenine, entsteht hieraus eine schwerwiegende Amoniakvergiftung. Fehlendes Taurin führt zur Erblindung. Die Zubereitung ausgewogener Katzenernährung ist so komplex, daß es wesentlich sicherer ist, ernährungsmäßig ausgewogene Komplettfutter zu füttern.

Die Katze im Haus

In den USA wurde die Hauskatze zu einem eng an das Haus gebundenen Tier. Über die 1980er Jahre wandelte sich das Leben der Mehrheit der Katzen der Leser des amerikanischen *Cat Fancy Magazine* von einem Aufenthalt halb draußen, halb im Haus zu einem reinen Leben innerhalb des Hauses. Diese Entwicklung ist auf die nahezu paranoiaartigen Ängste der Katzenbesitzer zurückzuführen, ihre Katze könnte sich an anderen Katzen anstecken oder einen Verkehrsunfall erleiden. In einer Großstadt wie New York sind solche Besorgnisse verständlich, aber mit der gleichen Begründung werden auch streunende Katzen auf dem Lande eingekerkert.

Eine an das Haus gebundene Katze zerkratzt das Mobiliar. Auf Wunsch der Katzenhalter ist heute in tierärztlichen Praxen der USA das Entfernen der Krallen an den Vorderpfoten weitest verbreitet - zum Entsetzen der englischen Tierärzte. Wir sprechen hier nicht von einem besonders kurzen Krallenschneiden, vielmehr von einer Amputation unter Vollnarkose. Dabei stehen die amerikanischen Tierärzte meist der unglücklichen Entscheidung gegenüber, entweder dem Tier die Krallen zu entfernen oder es zu töten. Eine Katze wehrlos und unfähig zum Klettern zu machen, bedeutet absolute Gefangenschaft im Haus und das Zerstören wesentlicher Lebensbedürfnisse der Katze.

Es ist sicherlich keine Überraschung, daß der Erfinder der Katzeneinstreu ein Amerikaner war. Ed Lowe empfahl bereits vor vierzig Jahren, in die Kiste seiner Nachbarkatze absorbierenden Ton einzubringen. Er baute ein Geschäft auf, das heute jährliche Umsatzzahlen von über 300 Millionen £ erzielt. Das echte Ausmaß des völlig veränderten Lebensstils der amerikanischen Katzen ist daran zu erkennen, daß kaum glaublich heute 70 % aller Katzenbesitzer Katzenstreu kaufen, und ein großer Teil bezieht dies sogar für Katzen, die draußen auf dem Lande leben. In England, wo die Katzen meist nach draußen können, beläuft sich die Vergleichszahl auf 15 bis 20 %.

Verhaltensstörungen

Die verbreitetste Verhaltensstörung bei in der Wohnung gehaltenen Katzen ist die Verunreinigung der Wohnung. Möglicherweise mag die Katze Zusammensetzung oder Geruch der Katzenstreu nicht, findet etwas, was ihr mehr zusagt, beispielsweise den Zimmerteppich. Nach einer Studie in Pennsylvania sehen tatsächlich alle Katzenbesitzer ihre Katze als Familienmitglied an. Für die Mehrheit sind deshalb Verhaltensstörungen kein Grund, sich von ihrer Katze zu trennen. Die meisten Probleme ergeben sich aus völlig normalem Katzenverhalten, das die Menschen nicht in ihrem Haus haben möchten. Läßt man Katzen nach draußen, ist es sehr viel unwahrscheinlicher, daß sie die Wohnung verunreinigen oder Möbel beschädigen.

Katzentherapeuten

Wer braucht Hilfe, wenn in der Beziehung Katze/Mensch etwas fehlgeht? Dr. Peter Borchelt, Katzenpsychologe, der in

New York an einer Tierklinik arbeitet, bestreitet, daß es nur neurotische Menschen sind, die der Behandlung bedürfen, mehr als gestörte Katzen. Aber oft übermitteln die Katzenbesitzer ihrer Katze, ohne es zu wissen, falsche Botschaften.

In Amerika kommt es als Folge der Einsperrung unausweichlich zu Problemen. Man glaubt, Katzen seien vorsätzlich zerstörerisch oder aggressiv, als erste Maßnahme werden sie ihrer Krallen beraubt. Peter Borchelt bietet eine vernünftige Alternative. Nach seiner Meinung zeigt oft eine »aggressive Katze« nur einfach ihren Spieldrang und ihre Beutegreiferinstinkte. Da wir Menschen selbst jetzt Bestandteil einer Katzen-

Unter den in engen Wohnungen eingesperrten Katzen der USA müssen »Verhaltensstörungen« auftreten. In New York vermag möglicherweise einem besorgten Katzenbesitzer der Katzenpsychologe Peter Borchelt helfen.

Das Herz der Wohnung, Spender von Nahrung, Wärme und Bequemlichkeit. Welch besseres Symbol hätte Rayburn für seinen Herd wählen können als die Katze? (entnommen einer Rayburn Werbebroschüre.)

gruppe sind, müssen wir darauf gefaßt sein, daß sich einige ihrer Spiele an uns richtet, einschließlich ritualisiertes Fangen und Kämpfen.

Die Welt ändert sich

Viele Menschen mögen Katzen, aber eine Vielfalt von Faktoren spielt dabei eine Rolle. Wir betrachten die Katzen als »Familienmitglieder«, als Kindersatz, machen sie zu Gefangenen, zu abhängigem Spielzeug. Kastration hält sie im Kindheitsstadium ohne Sexualität.

Trotzdem ist ihr sexuelles Image nicht geschwunden. In der Werbung für Juwelen oder Kaffee reibt sich eine elegante Katze an einer eleganten Frau. Eine Katze kann auch Symbol für häuslichen Herd und Zuhause sein - beispielsweise die Katze neben der Mutter. Noch immer spielt sie die Doppelrolle der Fruchtbarkeitsgöttin Bastet.

Über dreieinhalb Jahrtausende lebt die Katze neben uns, behielt dabei aber ihre Unabhängigkeit. Heute laufen wir Gefahr, den letzten freien Geist zu ruinieren - die Katze. Aber völlig unerwartet - beim Tod drehen wir uns einmal ganz im Kreis, ahmen die alte Welt nach.

Katzenfriedhöfe und der amerikanische Weg nach dem Tod

In den USA sind Katzenfriedhöfe viel verbreiteter als in England und Europa. In amerikanischen Städten ist es meist verboten, Haustiere im eigenen Garten zu begraben. Ein großer Teil der Katzenbesitzer lebt in Städten, hat nicht einmal einen eigenen Garten. Von der Firma *Pet Rest Inc., Ohio* wird der *Pet Rest Burial Receptacle* angeboten, ein wasser- und luftdichter Katzensarg. Weiter verfügbar sind »persönliche Namensidentifikation« und ein eigener »Bestattungsservice«. Dies scheint für unsere aus den Fugen geratene Verbrauchergesellschaft symptomatisch zu sein, man sollte sich aber der ausgedehnten Katzenbegräbnisstätten im alten Ägypten erinnern. Was für die einen als Farce wirkt, tröstet andere, die über den Verlust eines geliebten Haustiers ebenso viel Schmerz und Trauer empfinden wie bei einem Verwandten.

In Florida wird für bescheidene 1.000 $ Tieffrostung angeboten, ein letzter Versuch, das eigene Tier zu erhalten. Hierdurch wird vorgetäuscht - wie bei den alten Ägyptern - man habe den Tod überwunden. Sind dies die modernen Mumien, auf welche künftige Generationen herunterschauen und sagen werden: »Ah, das war eine Katze!«?

Visavis: *Heutige Erinnerungen an das uralte Bubastis - ein Katzenrestaurator in Los Angeles legt letzte Hand an eine gefriergetrocknete, geliebte Katze.*

Oben: *Hygienebestimmungen haben Haustierfriedhöfe zum festen Bestandteil der amerikanischen Gesellschaft werden lassen. Aber ist dieser Grabstein in Florida wirklich so weit entfernt vom Geist des Sarkophags im alten Theben?*

Literaturempfehlungen

Nachstehend eine Titelübersicht, die allgemeine wie Spezialbücher für alle jene enthält, die zu den in diesem Buch behandelten Themen mehr wissen möchten.

Armitage, P.L. and Clutton-Brock, Juliet, 'A Radiological and Historical Investigation into the Mummification of Cats from Ancient Egypt', *Journal of Archaelogical Science*, 8: 185-196 (1981).

Baines, John und Malek, Jaromir, *Atlas of Ancient Egypt* (Phaidon Press Ltd, 1980).

Baldwin, James A., 'Ships and the early diffusion of the domestic cat', *Carnivore Genetics Newsletter*, 4: 32-33 (1979).

Borchelt, Peter I. and Voith, Victoria L., 'Agressive Behavior in Dogs and Cats', *The Compendium on Continuing Education*, Vol. 7, No. 11, November 1985.

Clutton-Brock, Juliet, *The British Museum Book of Cats* (British Museum Publication, 1988).

Conway, William Martin, *Dawn of Art in the Ancient World* (Percival and Co., 1891).

Gebhardt, Richard, *A. Standard Guide to Cat Breeds* (Trewin Copplestone/Macmillan, 1979).

Hornidge, Marilis, *That Yankee Cat* (The Harpswell Press, 1981).

Howey M. Oldfield, *The Cat in the Mysteries of Religion and Magic* (Rider and Co., 1930). Reprinted as *The Cat in Magic, Mythology and Religion* (Bracken Books, 1989).

Macfarlane, A.D.J., *Witchcraft Prosecutions in Essex 1560-1680* (Dr.Phil.thesis, Oxford Universitiy, 1967).

Martin, Edward J., *The Trial of the Templars* (George Allen and Unwin Ltd., 1928).

Morrison-Scott, T., 'The Mummified Cats of Ancient Egypt', *Proceedings of the Zoological Society of London,* 21: 861-867 (1952).

Naville, Edouard, 'Bubastis 1887-1889', 8th Memoir of the Egypt Exploration Fund (Kegan Paul Trench, 1891).

Necker, Claire, *The Natural History of Cats* (A.S. Barnes & Co. Inc., 1970).

Petrie Flinders, *Tombs of the Courtiers and Oxyrhynkhos* (British School of Archaeology in Egypt, 1925).

Robinson, Roy, *Gentics for Cat Breeders* (Pergamon Press, 1977).

Searle, A.G., 'A Study of Variation in Singapore Cats', *Journal of Genetics*, 56: 111-127 (1959).

Simpson, Frances, *The Book of the Cat* (Cassel & Co., 1903).

Stahl, Philippe, *Le Chat Forestier d'Europe (Felis silvestris): Exploitation des Ressources et Organisation Spatiale* (Centre National d'études sur la rage et la pathologie des animaux sauvages, 1986).

Tabor, Roger, 'The Changing Life of Feral Cats At Home And Abroad', *Zoological Journal of the Linnean Society* 95: 151-161 (1989).

Tabor, Roger, 'Origins of Essex Cats', *The Essex Field Club Bulletin,* 29 (1984).

Tabor, Roger, *The Wild Life of the Domestic Cat* (Arrow Books, 1983).

Todd, Neil, 'Cats and Commerce', Scientific American, 237: 100-107 (1977).

Turner, Dennis C. and Bateson, Patrick, *The Domestic Cat* (Cambridge University Press, 1988).

Weir, Harrison, *Our Cats and All about Them* (R.Clements and Co., 1889).

Wilson, Edward, *Diary of the 'Terra Nova' Expedition to the Antarctic 1910-1912* (Blandford Press, 1972).

Wilson, Meridith, *Encyclopedia of American Cat Breeds* (T.F.H. Publications, Inc., 1978).

Wright, Michael and Walters, Sally (eds) *The Books of the Cat* (Pan Books, 1980).

Zeuner, F.E., *A. History of Domesticated Animals* (Hutchinson, 1963).

Interessante Katzenbücher aus dem KYNOS VERLAG:

Alderton, David, *1x1 der Katzenhaltung*
Hawcroft, Tim, *Erste Hilfe für Katzen*
Trumler, Eberhard, *Meine Tiere Deine Tiere* (Katzen und andere)
Sands, Amanda Jane, *Katzen - Ratgeber für Kinder*
Fisher, John, *Verhaltensstörungen bei Hund und Katze.*

Index

Kursiv geschriebene Zahlen beziehen sich auf die Illustrationen.

Index